前厅服务与管理

主　编　田　力

副主编　孟祥山　张　勤
　　　　徐宪湘　崔　志

江苏大学出版社
JIANGSU UNIVERSITY PRESS
镇　江

图书在版编目(CIP)数据

前厅服务与管理 / 田力主编. —镇江:江苏大学出版社,2018.10
ISBN 978-7-5684-0973-5

Ⅰ. ①前… Ⅱ. ①田… Ⅲ. ①饭店-商业服务-高等学校-教材②饭店-商业管理-高等学校-教材 Ⅳ. ①F719.2

中国版本图书馆 CIP 数据核字(2018)第 240449 号

前厅服务与管理
Qianting Fuwu Yu Guanli

主　　编/田　力
责任编辑/李经晶
出版发行/江苏大学出版社
地　　址/江苏省镇江市梦溪园巷 30 号(邮编:212003)
电　　话/0511-84446464(传真)
网　　址/http://press.ujs.edu.cn
排　　版/镇江文苑制版印刷有限责任公司
印　　刷/虎彩印艺股份有限公司
开　　本/718 mm×1 000 mm　1/16
印　　张/11
字　　数/200 千字
版　　次/2018 年 10 月第 1 版　2018 年 10 月第 1 次印刷
书　　号/ISBN 978-7-5684-0973-5
定　　价/40.00 元

如有印装质量问题请与本社营销部联系(电话:0511-84440882)

前　言

“前厅服务与管理”是高职高专酒店管理专业的一门主干必修课程，其涉及内容较广，既强调理论性也强调实践性。本教材结合目前职业教育课程改革的要求，通过酒店前厅工作的任务训练，帮助学生掌握前厅服务与管理的基本知识，从而具有适应行业发展与职业变化的可持续能力。

本教材共分“走进前厅”“对客服务”和“基层管理”三大篇，包含“前厅认知”“店前预订服务”“抵店应接服务”“宾客住店服务”“宾客离店服务”“宾客关系处理”“前厅质量督导”7 个项目及 19 个任务。

本教材每篇开头均有项目导读和能力目标的内容，每个任务包括“任务目标”“案例引入”“任务布置”“任务分析”“关键词”及“相关知识”几大模块，便于学生的预习和课堂的教学。为拓展学生的知识面，还设有“拓展视野”模块，有的任务中还有“小资料”栏目，以增强本教材的实用性。

本教材由田力任主编，孟祥山、张勤、徐宪湘、崔志任副主编。作为我院酒店专业学生的校本教材，编写过程中得到了中国医药城假日东方酒店的大力支持。

由于作者水平有限，书中难免存在一些不足之处，希望广大读者批评指正。

编　者

2018 年 9 月

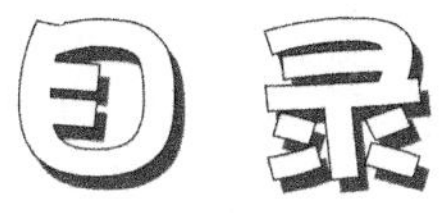

目录

第一篇

走进前厅

前厅是每一位客人抵离酒店的必经之地，是酒店对客服务开始和最终完成的场所，也是客人对酒店形成第一印象和最后印象之处。前厅接待服务及管理区域所设置的相关岗位及结构单元，组成了酒店组织机构中十分重要的部分——前厅部。

能力目标

1. 能认识酒店前厅的功能、地位和作用；
2. 能区别前厅各岗位的职责，并合理地进行组织机构的设置；
3. 能按要求完成前厅的环境布置。

项目一　前厅认知

任务一　前厅部门认知

任务目标

1. 了解前厅部在酒店中的地位。
2. 掌握前厅部的主要工作任务。
3. 熟悉前厅部的组织结构模式。

案例导入

“一站式”服务

11月30日中午，某五星级酒店前台，一位客人办理完入住登记手续后，坐在酒店大堂的沙发上，仔细观察周围的环境，并不时拿起桌子上的雕塑摆设赏玩。然后，他将在门口迎宾的行李员招呼过来，对小伙子说：“我非常喜欢你们酒店大堂的环境，我想中午在这里用午餐，麻烦你帮我拿一份菜单。”行李员听完客人的叙述说：“对不起，先生，这不属于我的工作范围，您找餐饮部可以吗?”客人听后，脸上显露出一丝不悦，说：“那找你们领导来。”这时，正好前台的主管看到这一幕，她上前向客人询问了一遍情况，得知客人想在大堂用餐，为难地对客人说：“先生，我们酒店的餐厅在六楼，您若需用餐可以到六楼。大堂这里是不允许客人就餐的。”客人听后生气地说：“你们酒店不是说把客人当成上帝吗？不是说要让我们客人把酒店当成自己的家吗？我想在我家里的客厅用餐，难道不行吗？找你们总经理出来！你们这是什么五星级的服务!”客人的声音越来越大，引得大堂的其他客人纷纷侧目。这时，大堂副经理走过来，先对客人说：“您好，先生。”然后对前厅部主管说：“请给客人端杯茶。”她将客人让到大堂较为隐蔽的一处座位，向行李员询问了大致的情况，然后微笑地对客人说：“先生，非常荣幸您喜欢我们大堂的装饰和环境，您在这里用餐完全没有问题，只是您刚才可能已经知道，我们酒店的餐厅和厨房都设在六楼，饭菜在运输过程中，由于路线的延长，可能会带来一些不必要的细菌入侵，另外，现在临近中午，大堂这边来来往往的客人比较多，虽然我们看不到，但是大堂有很多被带进带出的灰尘，就餐的环境不是很理想，可能对您的身体不好。我们酒店的六层餐厅最近刚刚经过重新设计，风格跟大堂十分搭配，难得先生喜欢，我们很希望您去看一看，也对我们的设计提出更好的建议。”这时，客人脸上的怒气渐渐散去，大堂副经理将茶让至客人面前，说：“刚才我们的服务人员也是出于对您身体健康的考虑，有些话说得不恰当，我代表酒店向您道歉。您远道而来，选择我们的酒店，我们感到十分荣幸。”然后，大堂副经理看到客人已经平静下来，拿起桌边的电话，拨打了六层的餐厅，说：“请找一下餐厅的主管张文……张文，一楼有位VIP，大概五分钟后会到餐厅用餐，听说餐厅有刚刚空运来的台湾水果，请为客人免费准备一份，照顾好客人，谢谢。”客人看到大堂副经理所做的一切，十分感激，主动提起行李，并一再致谢。大堂副经理边和客人交谈，边将客人送到了六层餐厅……

任务布置

1. 学生以小组为单位分别参观、调研三家不同星级酒店的前厅，了解认识前厅。
2. 学生通过图书馆、网络等途径，分别收集相关的资料。
3. 按组完成调研报告，并制作PPT进行课堂汇报。

任务分析

前厅部是酒店的“神经中枢”，是酒店联系宾客的“桥梁和纽带”，是酒店经营管理的“窗口”。前厅部的管理体系、工作程序和员工的素质与表现，无不对酒店的形象和声誉产生重要影响。

前厅部通常由客房预订处、礼宾服务处、接待处、问讯处、前厅收银处、电话总机、商务中心、大堂副经理等组成，其主要机构均设在宾客来往最频繁的酒店大堂地段。前厅运转的好坏将直接反映酒店的服务质量和管理水平，影响酒店的经济效益和市场形象。

关键词

前厅部

前厅部（Front Office）是设在酒店前厅，招徕并接待客人，销售酒店客房及其他产品，组织接待工作，调度业务经营和为客人提供订房、登记、行李、电话、留言、商务、问讯、委托代办、退房等各项服务，为酒店各部门提供信息的综合性服务部门。

相关知识

一、前厅部的地位

（一）前厅部是酒店业务活动的中心

前厅部是一个综合性服务部门，服务项目多，服务时间长。酒店的任何一位客人，从抵店前的预订到入住直至离店结账，都需要前厅部提供服务。前厅部是客人与酒店联系的纽带。前厅部通过客房商品的销售来带动酒店其他各部门的经营活动。同时，前厅部还要及时地将客源、客情、客人需求及投诉等各种信息通报给有关部门，共同协调整个酒店的对客服务工作，以确保服务工作的效率和质量。所以，前厅部通常被视为酒店的“神经中枢”，是整个酒店承上启下、联系内外、疏通左右的枢纽。无论酒店规模大小、档次如何，前厅部都是为客人提供服务的中心。

（二）前厅是酒店形象的代表，是酒店的门面

酒店形象是公众对于酒店的总体评价，是酒店的表现与特征在公众心目中的反映。酒店形象对现代酒店的生存和发展有着直接的影响，良好的形象是酒店的巨大精神财富。酒店前厅部的主要服务机构通常都设在客人来往最为频繁的大堂。任何客人一进店，都会对大堂的环境艺术、装饰布置、设备设施和前厅部员工的仪容仪表、服务质量、工作效率等产生深刻的“第一印象”。这种“第一印象”在客人对酒店的认知中会产生非常重要的作用，它产生于瞬间，但却会长时间保留在客人的记忆印象中。客人入住期满离店时，也要经由大堂，前厅服务人员在为客人办理结算手续、送别客人时的工作表现，会给客人留下“最后印象”，优质的服务将使客人对酒店产生依恋之情。客人在酒店的整个居住期间，前厅部要提供各种有关服务，客人遇到困难要找前厅寻求帮助，客人感到不满时

也要找前厅投诉。在客人的心目中，前厅便是酒店。而且，在大堂汇集的大量人流中，除住店客人外，还有许多前来就餐、开会、购物、参观游览、会客、检查指导的其他客人。他们往往停留在大堂，对酒店的环境、设施服务进行评论。因此前厅的管理水平和服务水准，往往直接反映整个酒店的管理水平、服务质量和服务风格。前厅是酒店工作的“窗口”，代表着酒店的对外形象。

（三）前厅部是酒店创造经济收入的重要部门

为宾客提供食宿是酒店的最基本功能，客房是酒店出售的最大、最主要的商品。通常在酒店的营业收入中，客房销售额要高于其他各项。据统计，目前国际上客房收入一般占酒店总营业收入的50%左右，而在我国客房收入还要高于这个比例。前厅部的有效运转是提高客房出租率，增加客房销售收入，从而提高酒店经济效益的关键之一。

（四）前厅部为酒店的管理提供重要的信息

作为酒店业务活动的中心，前厅部直接面对市场、面对客人，是酒店中最敏感的部门。前厅部能收集到有关市场变化、客人需求和整个酒店对客服务、经营管理的各种信息；在对这些信息进行认真整理和分析后，可每日或定期向酒店决策者提供真实反映酒店经营管理情况的数据报表和工作报告，并向酒店管理机构提供咨询意见，作为制定和调整酒店经营策略的参考依据。

二、前厅部的任务

（一）销售客房

前厅部的首要功能是销售客房。客房是酒店最主要的产品，其收入是酒店营业收入的主要来源。通常客房的赢利占整个酒店利润总和的50%以上。因此，能否有效地发挥其销售客房的功能，将影响酒店的经济效益。客房营业收入是考核前厅部管理及运转好坏的重要依据之一。同样，衡量一位总台服务人员的工作是否出色，往往也参考其客房推销的能力和实绩。前厅部的全体管理者及员工应全力以赴按确定的价格政策推销尽量多的客房，积极发挥销售客房这一重要功能。

（二）提供信息

除了发挥销售客房的功能外，前厅还应成为信息中心。地处酒店显眼地段的前厅部的总台是服务人员与客人的主要接触点，前厅服务人员应随时准备向客人提供其感兴趣的资料，如将餐饮活动（举行美食周、厨师长特选等）的信息告诉客人。这样不但能方便客人，还能起到促进销售的作用。

前厅部服务人员还应向客人提供酒店所在地的有关信息和指南。例如，向客人介绍游览点的特色、购物中心的地点及营业时间，大专院校和科研机构的地址、联系人、电话号码、本地区及其他城市主要酒店的情况，各类交通工具的抵离时间等。前厅部的服务人员应随时做好准备，充分掌握和及时更新各种固定的与变动的信息，以亲切的态度、对答如流的技能，向客人提供正确无误的信息。

（三）协调对客服务

为了能使客人享受到区别于其他地方的高水准服务，前厅部服务人员应以优质服务来衔接酒店前、后台之间及管理部门与客人之间的沟通联络工作。为了使客人满意，前厅部应在客人与酒店各有关部门之间牵线搭桥。例如，客人投诉房内暖气不足，前台服务人员应及时向工程部反映，并通过适当途径给客人以满意的答复。

（四）控制客房状况

控制客房状况是前厅部又一重要功能。这项功能主要由两方面的工作组成：一是协调客房销售与客房管理，二是在任何时候都正确地反映酒店客房的销售状态。协调客房销售与客房管理，一方面是指前厅部必须正确地向销售部提供准确的客房信息，避免超额预订，使销售部工作陷入被动；另一方面是前厅部必须向客房部提供准确的销售客情，以便其调整工作部署。例如，总台排房时应注意将团队、会议用房安排得相对集中，以方便客房的清洁和管理；在房源紧张的旺季应将客情随时通报客房部，以便其安排抢房和恢复待修房。前厅部和客房部双方都必须抱着理解与合作的态度，努力为每一位客人提供准备好的房间，最大限度地将客房销售出去。

三、前厅部主要机构及职责

（一）预订处（Rooms Reservation）

酒店前厅部一般设立预定处或订房部，提供订房服务。预订处的主要职责是接受客人电话、传真、信函、电子邮件或口头等形式的预订；与有关单位、公司、旅行社等客源单位保持良好的业务关系，尽量推销客房并了解委托单位的接待要求；与总台接待处保持密切的联系，及时向前厅部经理及总台有关部门提供有关客房预订的资料。

（二）接待处（Check-in/Reception）

酒店前厅部的接待处为客人办理接待入住手续。接待处的主要职责是办理入住登记手续、分配房间；负责对内联络，掌握客房出租变化和业务洽谈；掌握住店客人的动态及情报资料，建立客户档案；接待前来投诉的客人；控制客房状态，及时更改客房信息；制作客房营业日报表等表格；协调对客服务工作等。

（三）问讯处（Information/Inquiry）

酒店前厅部的问讯处是满足住店客人和来访客人寻求酒店日常服务需要而设立的。问讯处的主要职责是回答客人有关酒店服务的一切问题和对酒店外的交通、旅游、购物、娱乐等活动的咨询；代客对外联络（主要包括机场、车站、码头、游览点等代办服务事项）；代客保管钥匙及贵重物品；处理客人的信函、留言、传真等信息。

（四）礼宾部（Bell Service/Concierge）

前厅部礼宾部又称为大厅服务处。它的主要职责是机场车站等店外迎送；开关车门及店门，向抵店客人表示欢迎，致以问候；协助管理和指挥门厅入口处的车辆停靠，确保畅通和安全；代客装卸行李；陪同客人进房并介绍酒店设施、服务项目；为客人搬运行李；提供行李寄存服务；转递客人的信件、传真及邮件等；传递有关部门通知等；雨伞的寄存与出租；代客联系车辆、送别客人；负责客人委托的其他代办事项等。

（五）收银处（Cashier）

酒店前厅部收银处通常由财务部门管理，工作地点通常设在前厅部总台，与总台接待处、问讯处等有密不可分的联系，是总台的重要组成部分。收银处的主要职责是负责为住店客人设立各自的账卡；接受各部门转来的客账资料；与酒店所有消费场所的收银员保持联系，催收核实账单，及时记录客人在住店期间的各种赊款；为客人兑换外币；为离店客人办理结账等事宜；处理酒店的业务收益核算；编制营业日报表以提供客人消费的构成情况分析等。

（六）大堂副经理（Assistant Manager）

大堂副经理是代表总经理在前厅部全权处理客人投诉、保障客人生命安全及车场赔偿等复杂事项的管理者。大堂副经理应站在酒店利益的立场上机智、果断、敏捷地处理各项问题，每天设立 24 小时当值。在夜间，除值班经理外，大堂副经理是酒店的最高权力机构指挥者。大堂副经理还需协助前厅部经理直接管辖前厅部各部门的业务操作。其主要职责是沟通前厅部与酒店其他部门的关系，协助有关部门搞好对客服务；回答客人的各种提问，帮助解决客人的疑难问题；负责检查前厅部大堂的清洁卫生、设施设备的运行情况；维护大堂秩序、处理突发情况；落实、检查贵宾抵店前的准备工作，协调各部门满足客人的特殊需求；代表总经理迎送贵宾及团体客人等。

（七）商务中心（Business Center）

商务中心主要为商务客人提供各类商务所需的服务，如收发传真、复印、打字及计算机文字处理等。

（八）车队

大型酒店在其前厅部设立车队，接受前厅部的调派。车队的主要职责是负责接送重要宾客或有预订的客人，以及有特殊需要的客人，为客人提供出租车服务等。

四、前厅部的组织机构模式

前厅部的组织机构设置受到酒店类型、规模、等级、劳动力成本、管理模式等因素的影响，因而各酒店前厅部组织机构的设置有所不同，酒店管理人员应通盘考虑。一般来说，酒店按客房数量和接待规模可分成大型（500 间客房以上）、中型（200 ~ 500 间）和小型（200 间以下）酒店。

（1）大型酒店。在大型酒店中，前厅部内通常分有部门经理、主管、领班、普通员工四个层次。不同的酒店，其前厅部的组织机构也会根据实际情况而有所变化。

（2）中型酒店。中型酒店的前厅部一般由部门经理、领班、普通员工三个层次构成。与大型酒店相比，中型酒店前厅部下设工种较少。

（3）小型酒店。小型酒店的前厅部一般由客房部下设的总服务台班组替代，一般只设领班（或主管）、普通员工两个层次。

拓展视野

酒店首问责任制

首问责任制是指首问责任人必须尽自己所能给宾客提供最佳和令人满意的服务，直至问题最后解决或给予明确答复的责任制度。凡是酒店在岗工作的员工，第一个接受宾客咨询或要求的人，就是解决宾客咨询问题和提出要求的“首问责任者”。首问负责制，不仅仅是一种酒店服务形式，而且通过这种形式，还折射出酒店为宾客服务的真实内涵。

一、首问责任制的主要内容

按照首问责任制的要求，应该做到以下几点：一是属于本人职责范围内的问题，要立即圆满答复宾客的询问，妥善满足宾客的要求；二是虽是本人职责范围内的问题，但因宾客的原因目前不能马上解决的，一定要耐心细致地向宾客解释清楚，只要宾客的原因不存在了，就应马上为宾客解决问题；三是属于本人职责范围之外的问题和要求，“首问责任者”不得推诿，而要积极帮助宾

客问清楚或帮助宾客联系有关部门给予解决。必须做到环环相扣，手手相接，直至宾客的问题得到圆满的答复，要求得到妥善的解决。另外，首问责任制不仅局限于对宾客面对面的服务，当宾客打来电话或咨询服务项目时，也同样如此。

二、首问责任制是酒店优质服务的前提

首问责任制作为一种新的服务理念，是把管理与创新聚焦后体现在每一位员工的服务环节中，而管理的技术又使员工素质、服务水平更加优化。酒店是一个出售服务的行业，酒店本身是我们向宾客提供服务的载体，酒店属性决定了我们必须要为宾客提供优质服务，而优质服务单凭一腔热情是远远不够的，它需要用一种形式来规范服务。首问责任制赋予了优质服务新的内容，进而使热情寓于规范服务之中。在这个前提下，酒店把优质服务作为一种特殊的商品提供给宾客，让宾客在享受优质服务这种特殊商品的同时，不断地提出新的需求，酒店在满足宾客需求中，不断创造出更多的商业机会。

三、首问责任制是酒店融洽员工关系的纽带

首问责任制不仅局限于一线员工对酒店宾客的服务，也包括二线员工对一线员工提供的后勤保障服务。二线员工不直接创造价值，但不等于没有价值。二线员工的价值在于，当其为一线员工创造出一个良好的内部优质服务环境时，能使一线员工为宾客的优质服务潜移默化地得到进一步引申，由此，他们的价值才能充分体现出来。

四、首问责任制运行当中的几个环节

一是在员工日常培训中，让每一名员工特别是一线员工，全面清楚地了解酒店不同岗位的服务内容和服务项目，以及相互衔接的关系，并在服务中熟练运用，这是做好首问责任制的基础。二是建立检查监督机制，酒店管理人员是首问责任制的执行者，也是检查监督者。

任务二　前厅环境设计

任务目标

1. 了解酒店大堂的设计要求。
2. 了解总台的设计要求。
3. 熟悉前厅的主要设备。

案例导入

香港君悦酒店大堂设计

香港君悦酒店聘请HBA公司负责装饰设计。设计构思旨在恢复20世纪20年代上流社会的豪华生活方式，因此，设计要展现出那个时代盛大典雅场面的空间，创造出香港独家所有的盛会感觉。

椭圆形是君悦酒店大堂的几何设计元素。大堂椭圆形的夹层楼面和用镶板装饰的同心圆天花板映在底层黑色大理石上，犹如黑夜中闪闪发光的湖面上的涟漪。大堂的巨大椭圆顶装饰由意大利艺术家Paola Dindo负责设计。她特地为圆顶制作了一个美丽的仿古石表面，用银箔作表面装饰，以仿效传统穹顶内光线四方散射的效果。在高达两层的酒店大堂内，一道浅浅的砂岩圆拱一直延伸到天花板，组成了大堂楼面的接待处、前台收银处与问讯处所需的空间。圆顶下面安置了一道乌木屏风，位于夹层楼面。扁平的圆拱线条被用作设计母题，到处可见，包括镶嵌在正门玻璃墙内的巨型砂岩拱门、商务中心的正门等。尽管各个拱形结构由不同的材料制成，却都有着统一的基本图案。

设计师采用黑色和蜜色的搭配来营造一种戏剧性的气氛。大堂地面铺上光亮的黑色大理石，反映出白色的天花板与点点灯光，产生出舞台效果。而各种褐土色、黑色和金色的细致变化都妙不可言，如大堂的栏杆上小小的黄铜装饰，给人以深刻的印象。

大堂的主厅在大楼的一角，有两面玻璃墙，开放式设计，不设固定出入口，气氛轻松随意。后厅墙面全面镶着饰板，有两根巨型大理石柱子及一些青铜雕像，空间感比主厅更为细密，而氛围则显得较为庄重。大堂的主厅被精心分为两个高低不同的区域，因而富有层次感，且在各处均可观看其优美景色，由于灯光的巧妙控制与运用，大堂内的光线通过栏杆上的装饰性铜栅（具有扩散灯光作用）照到天花板，光影形成了斑驳的图案。

大堂的另一侧是连接大堂与宴会厅外面的低矮通道。通道两边各立着一排小青铜雕像，手里捧着具有大理石花纹的玻璃碗灯，为周围环境提供照明。大堂入口处并未安装自动扶梯，而是建了两座十分气派的宽阔楼梯。每座楼梯底部的周围装置了黑色大理石砌成的环形喷泉，而非常见的人工瀑布水流装饰。大堂里，木质镶板的采用，平衡了黑色大理石地面与圆柱形成的肃穆，同时亦造成与浅色天花板的必要对照，色调自然地融为一体，它们的质感与多样的视觉效果满足了人们对豪华装饰风格的追求。

任务布置

1. 学生以小组为单位分别参观、调研三家不同星级酒店，评价分析各酒店前厅的布局、装饰和设备情况。
2. 学生通过图书馆、网络等途径，分别收集相关的资料。
3. 按组完成调研报告，并制作 PPT 进行课堂汇报。

任务分析

前厅包含酒店的正门、大厅（大堂），以及楼梯、电梯和公共卫生间等。每一位客人抵达酒店，都必须经由这里，它是客人对酒店产生第一印象的重要空间，是集交通、服务、休息等多种功能为一体的共享空间。因此，应该重视这一区域的设计。

关键词

大　堂

大堂（Lobby）是指进入酒店大门到进入酒店客房、电梯、楼梯、餐厅等其他服务设施和部位前供所有宾客活动的公共区域。大堂是客人办理住宿登记手续、临时休息、会客和结账的地方，是客人进店后首先接触到的公共场所。大堂必须以其宽敞的空间、特有的装饰，创造出一种能有效感染客人的气氛，以便给客人留下美好的第一印象和难忘的最后印象。

总服务台

总服务台（General Service Counter），简称“总台”，是为客人提供住宿登记、结账、问询、外币兑换等综合服务的场所。

相关知识

一、酒店大堂的设计类型及依据

（一）酒店大堂设计的类型

1. 古典式

这是一种具有浓厚传统色彩的设计装饰类型，大堂内古董般的吊灯、精美的古典绘画，以及造型独特的楼梯栏杆，均让客人感受到大堂空间的古朴典雅。随着各种新材料如亚光漆、彩色金属板和亚纹定型板等的应用，酒店大堂古典式设计装饰焕发出了新的生机。

2. 庭园式

庭园式设计装饰引入山水景点与花木盆景，如在大堂内利用假山、叠石让水自高处泻下，其落差和水声使大堂变得有声有色，犹如“庭中花园”；或者在大堂的一角，种植大量的热带植物，设置小巧的凉亭与瀑布，使大堂空间更富自然山水的意境。在设计装饰庭园式大堂时，应注意确保整体空间的协调，花木搭配与季节、植物习性等自然规律相符，假山体量、溪涧宽窄应与空间大小相称等。

3. 重技式

重技式设计以严谨的结构、粗实的支柱为主要特点。如美国的希尔顿酒店大堂，设置了用几十根金属管组成的高大雕塑，并以金黄色漆喷其表面，使整个大堂空间充满了生机和活力，营造出迎候八方来客的浓郁氛围。

4. 现代式

现代式大堂设计装饰追求整洁、敞亮、线条流畅。如大堂顶面球面形和地面圆形图案互相呼应，再配以曲面形墙壁与淡雅的色彩，大堂顶面对灯光设计犹如星星闪烁，让客人如身临太空，情趣无穷；若再辅以玻璃、不锈钢和磨光花岗岩等反光性强的材料装饰通道，则大堂更显得玲珑剔透，充满了现代感。

（二）酒店大堂设计的依据

1. 酒店的形象定位

20 世纪 70 年代盛行以塑造和传播酒店形象为宗旨的企业形象（Corporate Image，CI）定位，以及 90 年代后以客人满意为宗旨的顾客满意（Customer Satisfaction，CS）定位，突出了酒店整体形象，为许多酒店培养了一批忠实的客人，并使得这些客人成为酒店的整体消费群，维系和保持了酒店基本营业销售额，进而影响和带动了更多的潜在客人光顾酒店。于是，新的以建立客人忠诚为战略的

顾客忠诚（Customer Loyal，CL）定位便应运而生。前厅设计要根据 CI、CS、CL 的理论和方法，完成酒店形象的定位，使客人青睐酒店。如香港半岛酒店的开放式大堂服务设计，使酒店的大堂从酒店开业起就成为许多航空公司和旅行社的服务基地，也曾作为机场出港登记处。现在，该酒店大堂已成为商人洽谈生意，新闻界收集信息，社会名流聚会、闲坐、聊天消磨时光的好场所。酒店大堂就如一块磁石，将天涯海角的宾客源源不断地吸引进来，酒店一年的总营业收入中几乎有25%是来自经常回顾的忠实客人。由此可见，大堂设计的独特品位与其特有的经营理念、精美的饮食、细致高雅的服务等是酒店赢得大批海内外忠诚客人的秘诀所在。

2. *酒店的投资规模*

酒店的投资规模一般用所拥有的客房总间数来衡量。按照一般规定，拥有600 间及以上客房的被视为大型酒店；300 ~ 600 间的可视为中型酒店；300 间以下的可视为小型酒店。在确定酒店大堂设计方案时，应考虑大堂的面积和空间。大堂的建筑面积与酒店客房间数有一定的比例关系，每间客房应占有 0.4 ~ 0.8 平方米的大堂面积。酒店每个标准客房的平均建筑面积应由其所属星级而定，并视自身形象定位、经营特色、规模标准等因素加以调整。

3. *酒店的建筑面积*

酒店的建筑结构是酒店大堂设计时依据的主要因素，它不仅关系到大堂空间的适度、各功能设施的布局、内外景观的再现等，还关系到酒店大堂的能源消耗、消防安全，以及人流路线的顺畅和大堂特色氛围的营造等。酒店的建筑结构一般有塔式、板式与内天井式三种，其中，内天井式结构的大堂在视觉上最有气魄。这种建筑模式，在酒店内部装有观光电梯，当电梯向上运行时，客人便可观看到大堂里的一切，尽管其能耗过大，使日常开支增加，但它提供了在室外才能体验到的仰视、俯视观景条件，亦给酒店带来了特有的气魄。

4. *酒店的经营特色*

酒店的大堂设计也应以酒店的经营特色为依据，设计效果应能充分显示和烘托酒店的特色。唯有特色，才是酒店的核心竞争优势。

二、前厅的功能布局

按功能布局来划分，可将前厅分为正门及人流线路、服务区、休息区和公共卫生间等主要区域。

（一）正门入口处及人流线路

正门入口是酒店的窗口，具有招徕客人、引导人流的作用。大门作为内外空间的交界处，设计日趋多样、完善。酒店大门的类型分为手推门、旋转门、自动感应门等，一般多为组合设置，即设手推门加自动感应门或手推门加旋转门等，以满足多方面的需求。大门不仅要考虑一般客人的进出，还要考虑团体客人、轮椅客人的进出，也要方便行李的进出。大门一般由正门和边门构成。同时，大门要求有隔音、隔尘、防风、恒温的功能，以保证大厅内空气清新、温度适宜，所以一般设置双层门，以保持前厅空调温度的稳定，节约能源，并可减少尘土的刮入，保持大厅清洁。两层门内，应安置地脚垫和雨伞架，以减少带进的尘土和污渍。

从入口到酒店各个目的地，便形成人流线路。各条人流线路需要装修或铺设条形地毯，并辅以适当的装点，以形成明确的人流方向，使富于动感的走线与相对平静的休息区及服务区之间互不影响。

（二）服务区

前厅的对客服务区主要包括总服务台、大堂副经理处和行李处。

1. 总服务台

总服务台（简称总台）应设在大堂中醒目的位置。接待、问讯、收银三部分是总台的主体。根据大堂设计布局，总台最好能正对大堂入口处，这样不仅使总台人员能观察到整个前厅、出入口、电梯等活动场所的情况，而且也使总台人员能清楚地观察到正门外客人车辆到达的情况，从而做好接待准备工作；同时，也有利于及时发现各种可疑情况，以消除隐患、确保安全。另外，以团队客为主要客源的酒店，应在总台外另设团队接待处。

总台的高度应以方便客人住宿登记和总台人员的接待服务工作为原则，其理想高度为 110 ~ 125 厘米。柜台内侧设有工作台，供总台人员使用，其台高 85 厘米，宽 30 厘米。工作台面最好设计成倾斜式，有一定的坡度，以方便员工使用，且不影响服务仪态（站姿等）。

总台的大小是由酒店接待人数、总台服务项目和计算机的应用水平等因素决定的。酒店的规模越大，接待人数和服务项目越多，则总台设计的面积越大；反之，则越小。

总台的外观形状较常见的有直线形、半圆形和 L 形等几种。材料上主要采用大理石、磨光花岗岩和硬木等。布置上，各种标牌、国际时钟、日历、天气预报牌和外币汇率牌等的外观选择与设计也应注意与整个大堂的装饰风格和谐一致。

小资料：

国际喜来登集团的服务台指标如下：每 200 间客房，柜台长 8 米，台内面积 23 平方米；每 400 间客房，柜台长 10 米，台内面积 31 平方米；每 600 间客房，柜台长 15 米，台内面积 45 平方米。

2. 大堂副经理处

大堂副经理处一般设在距离总台和大门不远的、视野开阔的安静地方，通常放置一个办公桌、两三张座椅，供办公和接待客人之用。

大堂副经理（大堂经理或宾客关系主任）一般在此接待客人、处理宾客投诉，维持大堂的正常工作秩序，处理前厅出现的各类问题、突发事件等。大堂副经理的职位比部门经理低、比主管高，不直接服从前厅部经理的指挥，而直接服从房务总监或总经理的指挥。

3. 行李处

行李处一般在大门内侧，使行李员能尽早看到汽车驶进通道，及时上前迎接。柜台后设行李房，以放置寄存的行李和疏散团队行李。小型酒店行李处不单设，与总台合一。

（三）休息区

休息区是宾客来往酒店时等候、休息或约见亲友的场所，要求相对安静和不受干扰。休息区的主要家具是供客人休息的沙发座椅和配套茶几。沙发可根据需要围成几组方形，也可围着柱子设置，在人流进出频繁、充满动感的大厅空间，构筑一个宁静舒适的小环境。

（四）公共卫生间

酒店大堂或附近通道通常都设有标注着中英文和图形的公共卫生间，供男女宾客使用。公共卫生间的设施主要有便器和洗脸盆，还要有烘手器、手纸、面巾纸、小毛巾、香皂等器具和用品。公共卫生间要宽敞干净、设施完好、用品齐全。从一定意义上讲，公共卫生间可以反映出酒店的档次和服务水准，是酒店的“名片”。

三、前厅环境设置

（一）光线

前厅内要有适宜的光线，要能使客人在良好的光线下活动，使员工在适当的光照下工作。前厅内最好能通入一定数量的自然光线，同时配备层次、类型不同的灯光，以保证良好的光照效果。过于明亮的光线，会使人的眼睛过分紧张，产生头晕目眩等不舒适的感觉，影响前厅员工的工作效率；过于昏暗的光线，不易使员工和客人彼此看清对方的脸部，也不利于准确地填写表格。客人从大门外进入大厅，是从光线明亮处来到光线昏暗处，如果这个转折过快，客人会很不适应。所以在设计安装上，灯光的强弱应逐渐变化。可采用不同种类、不同亮度、不同层次、不同照明方式的灯光，配合自然光线，达到使每位客人的眼睛都能逐渐适应光线明暗变化的要求。总台上方的光线也不能太暗或太亮，不能直接照在客人或服务人员脸上，使他们睁不开眼睛；也不能把阴影留在服务人员的脸上，造成服务人员工作不便或微笑服务变形。

（二）色彩

前厅环境的好坏，还受到前厅内色彩搭配的影响。前厅内客人主要活动区域的地面、墙面、吊灯等应以暖色调为主，以烘托出豪华热烈的气氛。色彩搭配应与前厅的服务环境相协调。在客人休息的沙发附近，色彩应略冷些，使人产生一种宁静、平和的心境。总之，前厅内的色彩搭配应能适应服务人员工作和客人休息对环境的要求，创造出前厅特有的安静、轻松的气氛。

（三）温度、湿度与通风

前厅要有适当的温度和湿度。酒店通过单个空调机或中央空调，一般都可以把大厅温度和湿度维持在人体所需的最佳状态。温度一般在22℃～24℃，湿度一般在40%～60%，整个环境就比较宜人了。

前厅内人员集中，耗氧量大，如通风不畅，会使人感到气闷、压抑。因此，应使用性能良好的通风设备及空气清新剂等，以改善大厅内的空气质量，使之适合人体的要求。通常高星级酒店大厅内的废气和污染物的控制标准是：一氧化碳含量不超过5毫克/立方米；二氧化碳含量不超过0.1%；可吸纳颗粒物不超过0.1毫克/立方米；细菌总数不超过3000个/立方米。

（四）声音

前厅离酒店大门外的闹市区或停车场较近，人员活动频繁，车辆噪音不断，加之大厅内的说话声、电话铃声等，声音杂、音量大，噪音若超过人体感觉舒适的限度，便会使人烦躁不安，易于激动、争吵、出错、降低工作效率等。大厅内的噪音一般不得超过50分贝。在建造前厅时，应考虑使用隔音板等材料以降低噪音。酒店员工工作交谈时声音应尽量轻些，有时甚至可以使用一些体态语言代替说话。要尽量提高工作效率，使客人在高峰时间不致于长久滞留于大厅，破坏大厅安静的气氛。对来店参观、开会、购物、用餐的客人，必要时也应提醒他们说话低声些。酒店应尽可能播放轻松、动听的背景音乐，以减少噪音对客人的骚扰。一般而言，大厅背景音乐以5～7分贝为宜，见表1-1。

表 1-1 大厅环境标准

项目	标准	项目	标准
温度	22℃～24℃	噪音	不超过 50 分贝
相对湿度	40%～60%	自然采光照度	不低于 100 Lx
风速	0.1～0.3 m/s	灯光照度	不低于 50 Lx
一氧化碳含量	不超过 5 mg/m^3	可吸收颗粒	不超过 0.1 mg/m^3
二氧化碳含量	不超过 0.1%	细菌总数	不超过 3000 个/m^3

四、前厅设备

传统酒店中前厅部的设备通常有客房状况显示架、住客资料查询架、钥匙及信件放置架、打时器、备用钥匙架、客史档案柜、登账机、账卡架、安全保险箱，以及信用卡刷卡机、传真机和复印机等。随着计算机的应用及其功能的不断开发和完善，计算机逐渐取代了越来越多的前厅部设备，既节省了总台服务空间，扩充了服务信息，又加快了服务节奏，提高了运转效率，并大大减轻了总台人员的工作。现代酒店前厅的主要设备包括：

1. 计算机

前厅部应备有多台计算机，这样可以随时显示客人全部资料，包括客人预订、入住、押金、个人资料、离店、店内消费记账等。通常 100 间客房以内的酒店应至少设两台显示器，100～500 间客房的酒店，每增加 100 间客房加设一台显示器为宜；500 间以上客房的酒店，超过 500 间客房的部分应以每增加 200 间客房再加设一台显示器为宜。

2. 打印机

前厅部应备有两台以上的打印机，在办理预订、入住及结账业务时可用来打印相关单据和表格。打印机的出纸速度要快些，分辨率要适当，要选用不容易夹纸及便于修理、保养的品牌。平时使用时，要尽量把打印机调到省墨状态，并尽量用纸的正反两面打印，以减少消耗、降低成本，为打造“绿色酒店”出一份力。

3. 扫描仪

按公安部门的要求，前厅部应配备专用扫描仪，用于扫描住客的各类身份证件。使用扫描仪既可以使入住登记工作更快捷、更准确，还可减少一联入住登记表。

4. 复印机

总台应备有复印机以复印各种资料文件，可以与商务中心合用。

5. 客房钥匙卡

随着酒店业的迅速发展，客房用锁已趋于采用一些安全可靠的新型门锁，以解决传统门锁钥匙易复制、安全性差的难题。新型客房钥匙系统的种类主要有IC卡锁、电脑磁卡锁、电子光卡锁、磁片锁等。

6. 保险箱

高级酒店前厅应设贵重物品保险箱，24小时对客免费服务。保险箱一般放置于邻近总台收银处的隐蔽的专用房间内。目前，越来越多的高星级酒店在每间客房内设置了可供宾客自己设置密码并存取贵重物品的小保险箱。

7. 信用卡刷卡机

总台应备有信用卡刷卡机及POS机，分别用于手工刷信用卡和计算机刷信用卡。

8. 账单架

总台账单架用于存放团体和散客的账单。

9. 打时器

打时器用来为收到的各种信件、文件及资料打上时间，以控制收发信件、文件及资料的速度。

此外，酒店前厅部还配备有收款机、验钞机、计算器和档案车等。

任务三　前厅发展趋势

任务目标

1. 了解前厅服务的发展趋势。
2. 了解前厅管理的发展趋势。

任务布置

1. 学生以小组为单位分别调研三家不同星级酒店的前厅管理人员，熟悉各酒店前厅服务与管理的发展趋势。
2. 学生通过图书馆、网络等途径，分别收集相关的资料。
3. 按组完成调研报告，并制作PPT进行课堂汇报。

任务分析

随着社会、人文、经济、科技等宏观环境的变化，以及消费者消费需求的不断提升，前厅部的服务与管理发生着越来越多的变化。

相关知识

一、前厅服务方式的发展趋势

（一）商务中心职能退化

随着信息技术的发展，越来越多的客人有手提电脑和其他电讯工具，可以通过互联网直接订票、接发邮件和传真，对酒店商务中心的依赖程度大大减少，酒店商务中心的职能面临退化。因此，将会有越来越多的酒店将商务中心柜台出租给票务中心或旅行社经营管理。

（二）坐式前台将被越来越多的酒店采用

传统总台接待是指客人站立办理入住登记，员工则是站立为客人服务。如今，越来越多的酒店改变传统接待模式，将站立服务改为坐式服务。这样的改动会使长途旅行劳累的客人得到彻底放松，增加酒店的亲和力，拉近酒店和客人的距离，且将商务楼层客人待遇延展到普通客人，增加客人的满足感。员工同样坐着为客人办理入住或结账服务，也体现酒店对员工的关爱。

但是采用坐式前台应注意以下几个问题：

第一，“坐式前台”设计与大堂整体规划密切相关，对前台办公室、财务室、客人休息区、贵重物品保管室等的布局都会产生影响，须统一布置。

第二，“坐式前台”对前台接待人员的职业技能、素质、办理入住和结算速度的要求很高，对计算机系统的配置要求也很高，一般适用于由专业酒店管理公司管理的酒店。

第三，“坐式前台”是一个完整的工作单元，由接待、服务、客位、等候休息、资料等部分组成，不是简单的桌椅组合。

第四，“坐式前台”的数量、大小、位置、角度都与酒店的性质、规模、风格有关，应仔细论证。

（三）接待收银一站式服务

目前在绝大多数酒店的总台服务中，接待由前厅部员工负责，收银由财务部负责。而这两项工作的关联度非常大，两个岗位的归口不同给实际工作的沟通和协调带来了很大不便。另外，根据客人的活动规律，上午是客人退房较为集中的时段，收银员的工作比较繁忙；而午后入住客人较多，办理入住登记的接待员较为繁忙。因此，在酒店未来的发展中，将会有越来越多的酒店将前厅的接待、收银两岗合一，将前台结账收银业务的管辖权由财务划归前厅部。另外，要对员工进行一至三个月的岗前培训，才能使其掌握接待和财务处理技能。

（四）个性化服务向“共性规则”制度转变

随着“个性化”服务的普及和成熟，前厅部在未来的发展中可以将个性化服务规范和固化下来，将经典的个性化服务案例分类别地进行专业梳理，逐步形成规范型的各类“个性化”服务手册，如《前厅温馨服务手册》《前厅金钥匙服务手册》《前厅快捷服务手册》。将各类个性化服务的要素进一步总结，将个性化服务的案例变为系统性的“个性服务操作手册”，也就完成了“个案服务”向“共性规则”制度化建设的转变过程。这一系统工作的完成，将为酒店个性化服务普及及实施提供可持续运作的范本。

二、前厅管理方式的发展趋势

（一）精简机构，合理定编

前厅部的组织机构将化繁为简，人力上讲求最大限度地节约，不会雇用一个多余的人。酒店会根据来年预计的营业情况，重新定编。同时，充分利用社会上的专业公司为酒店服务，如将酒店外围（正门、停车场等）的保安工作交由专业的保安公司承包、将商务中心出租等，使酒店的组织机构更加精简。

（二）定价策略更灵活

第一，前台接待人员将得到更大的授权，根据客人及酒店的实际情况，灵活定价。为了提高前台销售人员工作的积极性，最大限度地提高酒店的经济效益，酒店会将接待人员的奖金与其每月的销售业绩挂钩。

第二，越来越多的酒店将没有固定房价，而是根据当天的开房率来定价，以创造最大的利润。也有些酒店为了维持其档次及其在消费者中的信誉，会保持相对固定的价格水平，不会轻易降低或提高价格。

（三）预订方式网络化

未来酒店为提高客房利用率和市场占有率，将利用包括价格在内的各种手段鼓励客人提前预订客房，客人将根据其提前预订期的长短，在房价上得到不同程度的优惠（提前期越长，优惠幅度越大）。而且，信息技术的发展也极大地方便了客人的预订，绝大部分客人在来酒店前将通过电话或互联网预订客房，没有预订而前来住店的“散客”将越来越少。其中，通过计算机、手机等各种网络终端来实现客房预订已具有一定规模并将会有更大的发展。

（四）收益管理受重视

收益管理能够使酒店的客房等资料得到最有效的利用，使酒店管理从经验管理上升为科学管理，从而尽可能地提高酒店的经济效益。因此，越来越多的酒店前厅部将日益重视并实施收益管理。

拓展视野

酒店前厅部发展的九大趋势

随着时代的发展和人类的进步，21 世纪已经步入了信息化时代的新纪元。经济的全球一体化，科技的突飞猛进，不仅促进了物质生产力的迅猛增长，而且物质生活的极大丰富又推动了人类对精神层面的进一步追求。因此，21 世纪也必定是以人为中心的世纪，提倡人文关怀，以人为本，共建和谐社会已然成为各国的普世观念。在这一大体的趋势下，酒店的服务和管理理念也必然与这一趋势共融，既要考虑企业的利益，也要关注社会效益；既要关注顾客的感受，也要关注员工的利益。大与小、面与点的交汇共融将会使权利双方达到前所未有的共赢。只有社会、企业、公众成了利益的共同体，只有股东、员工、顾客的多方共赢，酒店的运作和经营才能与时俱进、共创未来。从以上感怀出发，可以预见到 21 世纪酒店前厅服务管理的一些发展趋势。

前厅的“温馨带房”服务是一种对客的体贴关怀，在没有什么投入的情况下，既拉近了酒店与顾客的距离，使客人产生更多的亲切感，也让客人更多地体会到“家外之家”的感觉，对于员工、顾客都是一种欢悦的体验，也符合“人文关怀”的人本理念。有越来越多的酒店推行这一服务并形成工作规范。

“快捷服务”成为前厅对客服务的追求目标。在一个各种信息变化更新加速的时代，客人希望有更多的私人空间。入住的快捷服务和离店的快捷服务，将成为大多数客人的期盼，这也对前厅员工的服务技能提出更高更快的要求。“三分钟开房”入住和“两分钟结账”离店将会在各酒店中逐渐形成工作规程。对于顾客而言，则既能获得高效率的服务，又可以对酒店员工的高质素和勤勉工作状况留下较深刻的印象。

金钥匙服务从“一岗服务”变为“团队服务”。随着各酒店金钥匙服务的开展，对客的特殊要求服务逐步在各酒店的前厅部普及，这种对客的“物超所值”的服务的功能和作用逐渐为各酒店的管理层和前厅的管理者所认识和接受，其作用也日益显现。随着理念的普及和业务的熟练，这一服务理念不会只限于一岗的金钥匙，许多酒店为保障这一业务的顺畅开展和持续，在礼宾处和大堂副经理班组设立了多岗金钥匙，将一岗金钥匙服务变为“金钥匙团队”服务，顺应时代的发展。

“个性化服务”将向“共性规则”的制度化建设转变。在以人为本的社会，个性化服务是各行各业的一种普遍理念。酒店开展个性化服务通常是针对性地提供各种“物有所值”或“物超所值”的服务功能。这些“个性化服务”的实践，大多数酒店都是以“案例”形式加以归纳、汇集和总结，以供新入职员工作为开展“个性化”服务的参考和借鉴。

随着“个性化”服务的普及和成熟，经过专家们对个性化服务有针对性的专业化梳理，逐步形成规范性的各类“个性化”服务，将个性服务的案例变为系统性的“个性服务操作手册”，也就完成了“个案服务”向“共性规则”制度化建设的转变。这一系统工程的完成，将对酒店的个性化服务普及和实施提供可持续运作的范本。

“一键通”和“一站式”的普及，以及一条龙服务。总机接线员会承担多项服务职能，客人按下房间电话机上客房服务中心功能键，总机话务员接听后传递接听信息交相关部门跟办，“一键通”已在很多酒店实行。随着前厅部员工素质和技能的提高，前厅部的任何一位员工都是“一站式”服务员，必须为有需要的客人提供服务和帮助，不会由于岗位的不同而怠慢客人；客人只需要将问题向任一位员工提出就可得到解决，不会遭遇搪塞推诿现象。酒店一条龙服务将变成规范程序。如酒店代表在机场接客后会致电相关部门，接待处会准备客人入住资料、钥匙，在车上还有香巾茶水，在途中酒店代表对本地和酒店进行简单介绍，金钥匙和礼宾员会在门口迎候，客人一下车会称呼其姓名并带客人登记取匙，员工会带领客人进入客房，整个过程顺畅、自然、体贴。前厅部的一条龙服务要求员工具备过硬的综合素质和良好的团队协作精神。

入住体验由“站式”转变为“坐式”。传统酒店的总台接待是客人站立办理入住登记，员工则站立服务客人。如今有越来越多的酒店改变传统接待模式，将站式接待服务改为坐式服务。这样的改动会使长途旅行劳累的客人得到彻底放松，增加酒店的亲和力，拉近酒店与客人距离，且将商务楼层的客人待遇延展到普通客人，增加客人的满足感，而员工同样坐着为客人办理入住或结账服务，也体现了酒店对员工的关爱。

酒店的房间定价策略更加市场化、多元化。随着人们物质生活的丰富，旅游成为一种时尚，各地高星级酒店越建越多，供大于求的状况更加凸显，酒店

之间的竞争更加激烈。酒店客房价格将与市场完全接轨，竞价卖房更加合理，价格更加透明。酒店将给前厅部更加充分的价格调整权，而前厅部也将给门前员工更加大的授权空间，以留住每一位住店客人。依此授权而制定的前厅和员工的奖励制度也更加具体和完善，员工的工作热情进一步得到激发。

酒店预订网络化程度的进一步提高，极大地方便了客人的预订，绝大多数门前散客在入住酒店之前多经由网络公司或订房中心通过电话或互联网订房。网上预订对于发展散客来说是一种新的趋势。各类网络订房公司的发展还是给单体酒店和酒店集团公司的成员酒店带来成本较低、效益较高的一种营销手段，对于酒店原有的各种营销方式是一种有益的补充。它们的出现、成长和发展是经济全球一体化和国内经济市场化进程的一种必然和进步。共生共融一定是市场化的必然，单打独斗的发展模式已为时代所抛弃。

服务和管理的创新势必成为一种潮流，前厅部的组织机构将更加精简科学，最大限度地节省人力成本，员工的薪酬待遇得到进一步提升。如将电话总机与前台接待处置于前厅同一区域，仅有前后之隔，员工的调配安排更加有效率、更加人性化；或将商务中心出租，追求经济实惠；礼宾处的员工兼具保安员的职能等。在信息时代中，为适应“以人为本，和谐社会”的普世理念，酒店这一以“人”为中心运作的经济体，势必对各种服务手段和管理模式采取一种“向前看”的态度。只有创新才有出路，只有创新才能与时俱进，否则将会被时代所淘汰。

第二篇 对客服务

前厅部为客人服务的全部过程是一个完整的、循环的过程。为客人服务的全过程开始于潜在客人与酒店的第一次接触，直至办理离店结账手续，并建立客史档案，为下次与客人接触做好充分准备为止（图2-1）。

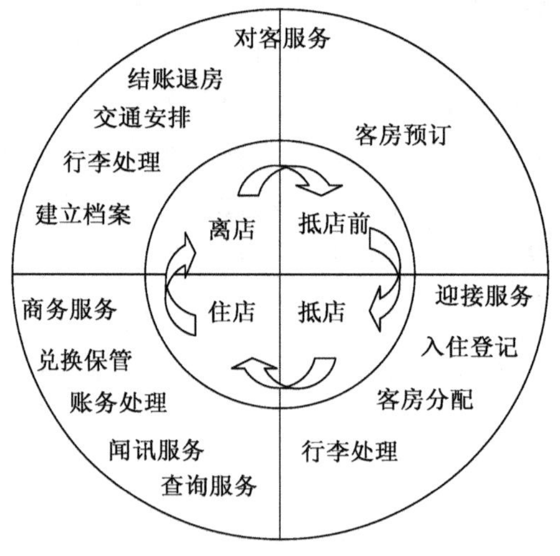

图2-1　对客服务循环图

能力目标

1. 能理解前厅对客服务的过程。
2. 能描述前厅对客服务的特点。
3. 能按要求完成各项对客服务。

项目一 店前预订服务

任务一 预订认知

任务目标

1. 正确认识客房预订的意义。
2. 熟悉客房预订的渠道、方式。
3. 了解客房的类型及价格、房态的分类及控制。

案例导入

预订客人没享受网络订房价

某日晚9时30分，一位客人到店说已有预订，要求办理入住手续。前台接待员查询计算机后说，没有查到预订信息。客人很不高兴地说："我已通过网络公司订好了。"前台再次查询仍然没有查到，便请客人先按门市优惠价入住，待次日与网络公司联系后再更改房价。客人入住后投诉网络公司为什么不给预订，随后网络公司投诉酒店未给客人及时预订。经查，网络公司于当晚8时36分将传真发至酒店预订部，此时预订员已下班，而前台接待员在计算机里既没查到预定通知也没到预订部去看有无传真，便告诉客人没有预订，造成客人投诉网络公司，网络公司投诉酒店。

［**分析**］ 客人进行预订，就是希望抵达酒店就有准备好的、能满足其要求的客房，以方便自己的行程安排。而有预订的客人也都希望酒店能够尽快按约办理入住手续，因此服务员应立即核对预定资料为客人办理入住手续。当计算机中没有客人预订资料时，服务员如何处理此事，反映出服务员是否有工作责任心。

案例中的接待员在计算机中没有查找出预订资料时，应该到预订部再进行详细查找，看有无传真。同时，接待员应及时向领班或主管汇报，不能简单地告诉客人没有接到预订。上述做法说明该预订员缺乏工作责任心，导致客人投诉，从而使酒店在网络公司和客人心目中的服务形象严重受损。

任务布置

1. 学生通过图书馆、网络等途径，分别收集有关预订种类、方式和房价的资料。

2. 课堂讨论汇报。

任务分析

客房预订是客人在抵店前与酒店预订部门所达成的订约，即客人通过电话、电传、信函、互联网等方式与酒店联系预约客房。客房预订是前厅部的一项重要业务内容。积极有效地开展预订业务，既能满足客人的订房要求，又可促进酒店客房的销售。

关键词

房　态

房态（Room Status），又称为客房状态、客房状况，是指对客房占用、清理或代租等情况的一种标示或描述。

相关知识

一、客房预订的意义

（一）客房预订对客人的意义

旅游者在出行前通常都会安排好自己的行程，其中最重要的环节就是自己下榻处所的安排。因为酒店就是客人的“家外之家”，有了这个“家外之家”，客人才会觉得安稳和踏实。酒店开展预订业务，正好满足了客人的这一基本需求，使他们免遭酒店客满或自己所能接受价位、档次的客房已售完的风险，保证他们能及时入住理想的房间。

（二）客房预订对酒店的意义

1. 开拓市场，稳定客源，促进销售

就客人有无预订，客源可分为两类：一类是预订客人，包括团队客人和预订散客；另一类是未经预订而临时光临的散客。预订客房对酒店来说是对客房产品的预销售，只有预订客人达到一定的数量，酒店的正常经营活动才能得以保证。

客房预订使酒店的经营保持稳定性。如果预定的宾客很少，只靠随兴而来的零散宾客支撑营业收入，酒店经营必然会陷入不稳定状态。特别是在酒店市场竞争十分激烈的情况下，各酒店为了稳定客源，都开展了客房预订业务，并力求完善，采取多形式、多渠道使客房出租达到最好状态。如果酒店不重视预订、不及时根据市场的变化采取最先进的手段开展预订，那么就会在市场竞争中处于劣势，也将难以生存。

2. 掌握客源动态，预测酒店未来业务

通过分析客人订房信息资料，可了解旅游者的动态情况，把握市场动向，并预测酒店客源流动情况，及时调整营销对策，在激烈的酒店竞争中把握主动权。

3. 协调各部门业务，提高工作效率和服务质量

预订可以使酒店掌握未来一定时间段内的业务量情况，合理安排各部门和各岗位的人力、物力资源，特别是在酒店业务量比较大的时段，要注意避免由于人手紧张和物资准备不足而影响服务工作的正常运转。例如，酒店在接受一个团队的预订后，预订处应及时通知接待处、客房部、餐饮部等有关部门。接待处可根据预订资料事先安排好客房，做好相关准备，从而简化入住登记手续；客房部在得到团队预订资料后，及时安排好客房；餐饮部则要准备好相关的食品物料，安排好服务人员等。只有酒店各部门成为一个有机的整体，才能保证酒店对客服务的整体质量和效率。同时，通过预订，酒店可以预先了解宾客的个人相关信息，对客服务做好事先的准备和协调，才能为宾客提供有针对性的服务。

二、客房预订的渠道

（一）客房预订的直接渠道

客房预订的直接渠道是客人或客户不经过任何中间环节直接向酒店订房。客人通过直接渠道订房，酒店所耗成本相对较低，且能对订房过程进行直接有效的控制与管理。直接渠道的订房方式大致有下列几类：

（1）客人本人、委托他人或委托接待单位直接向酒店预订客房。

（2）旅游团体或会议的组织者直接向酒店预订所需的客房。

（3）旅游中间商如旅游批发商，作为酒店的直接客户向酒店批量预订房间。

（二）客房预订的间接渠道

酒店总是希望将自己的产品和服务直接销售给消费者，但是由于人力、资金、时间等的限制，往往无法进行规模化的有效的销售活动。因而，酒店往往利用中间商与客源市场的联系及其影响力，利用其专业特长、经营规模等方面的优势，通过间接销售渠道，将酒店的产品和服务更广泛、更顺畅、更快速地

销售给客人。

通过间接渠道的订房方式大致有下列几类：

1. 通过旅行社订房

旅行社通常与酒店订有合同，负责为酒店提供客源。同时，酒店根据旅行社提供的客源量和客人在店消费额，给予其一定比例的优惠折扣。一般来讲，旅游者通过这种渠道在异国酒店订房的较多。旅行社订房可以保证酒店有一定数量的稳定客源。

2. 通过航空公司及其他交通运输公司订房

随着航空事业的发展，由航空公司代为订房的客人越来越多，主要包括乘客、团队客人、机组人员、本公司职员外出订房等。

3. 通过会议及展览组织机构订房

会议组织机构在为会议客人订房时，一般还要对酒店的其他产品进行预订，主要包括会议室及会议设备、餐饮、用车等。

4. 通过酒店加入的订房网络预订

网络订房系统作为酒店的一个预订平台，近年来发展十分迅猛。如以携程旅游网为首的综合性在线旅行服务平台，以酒店＋机票的预订模式运营，平均每月酒店预订量达到五十余万/（间·夜），机票预订出票量达四十多万张。

5. 通过与酒店签订商务合同的政府机关或企事业单位预订

为发展业务，许多商社、大公司等与酒店订有合同，为来本公司的客人或本公司职员外出预订房间。

6. 通过政府机关事业单位订房

主要包括政府或事业单位邀请的团队、贵宾、专家学者等。

7. 通过连锁酒店或合作酒店订房

连锁酒店预订中心为所属成员酒店推荐、输送客源和预订房间。连锁酒店可以相互提供免费订房服务，这是连锁酒店在促销上的明显优势。为了与连锁酒店竞争，一些独立的酒店之间开展了订房业务合作，借此建立自己的预订网络，通过相互推荐的方式接受客人的订房要求。

目前，不论对单体酒店，还是对连锁酒店或酒店联号，预订网络、航空运输部门所带来的客房预订数量在酒店客源中都占较大比重。如全球分销系统和中心预订系统，将全球各主要航空公司、旅行代理商及连锁酒店、酒店联号的资源进行统一整合和调配，网络各成员定期交纳一定数量的年费或按预订数量向网络支付佣金，以获得资源共享。

三、客房预订的方式

宾客采用何种方式进行预订，受其预订的紧急程度和宾客预订设备条件的制约。因此，客房预订的方式多种多样，各有特点。宾客常采用的预订方式主要有下列几种：

（一）电话订房

宾客或其委托人通过电话向酒店订房，这种方式应用最为广泛，尤其对于提前时间较短的预订最为有效。电话订房的优点是直接、迅速、易于预订人和酒店之间的双向沟通。宾客能够充分了解酒店客房的实际情况，判断酒店是否能够提供满足其要求的客房；酒店也能够详细了解宾客对房间种类、价格、抵离店时间等方面的要求，并予以及时回复和确认，同时能进行适时的推销。

受理电话订房时应注意：

（1）与客人通话时要注意使用礼貌用语，语音、语调运用要婉转，口齿要清晰，语言要简明扼要。每一个订房员必须明确：预订服务虽然不是与客人面对面，但自己却是客人接触酒店的第一个人。要扮演好这个角色，就必须通过声音给客人送上热情的服务。

（2）准确掌握客房预订状况，预订单、航班表等用品和资料要放置在便于使用或查找的地方，以保证预订服务工作的快速和敏捷。

（3）立即给客人以明确的答复，绝不可让客人久等。因客满需婉拒订房时，应征询客人是否愿意被列入等候名单。

（4）通话结束前，应重复客人的订房要求，以免出错。

（二）传真订房

订房人通过传真预订客房，是较为常见的一种订房方式。传真订房的优点是传递信息迅速，操作方便、准确，而且有据可查，内容详尽，可以避免订房纠纷，因而是当今酒店与宾客进行预订联系的最理想的方式之一。这种方式较适用于大中型酒店。

受理电传、传真订房时应注意：

（1）接收或发出传真后，及时打上时间印记。

（2）回复要迅速准确，传真尽可能按客人原线路发回。

（3）语言要简明扼要、准确规范。

（4）做好订房资料的保留存档，以备日后查对。

（三）面谈订房

面谈订房是宾客或其委托人亲自来到酒店，与订房员面对面地洽谈订房事宜。面谈订房的优点是订房员有机会详尽地了解客人的需求，并当面解答客人提出的问题；必要时还可以向客人展示房间及酒店的其他设施与服务，有利于推销酒店产品。

与客户面谈订房事宜时应注意：

（1）仪表端庄，举止大方，讲究礼节礼貌，态度热情，语言和语调适当、婉转。

（2）把握客户心理，运用销售技巧，灵活地推销客房和酒店其他产品。必要时，还可向客人展示房间及酒店其他设施与服务，以供客人选择。

（3）受理此方式的订房时，应避免向客人做具体房号的承诺。

（四）信函订房（目前使用越来越少）

信函订房是客人以明信片或信件等方式预订客房，这是一种最古老而正式的订房方式。信函订房较适合于提前预订时间较长的客户和以接待度假或会议为主的酒店客人。它的优点是订房内容完整、准确，客人还可以写明特殊要求。而且，信函还可以作为一种预订协议，对宾客和酒店起到一定的约束作用。

受理信函订房时应注意：

（1）及时回信。有些酒店规定自收到预订信起 24 小时内必须寄出复信。如果客人同时向几家酒店发信订房，最先寄出复信的酒店将赢得客人的好感。复信及时可把酒店潜在的客人变成现实的客人。

（2）复信要亲切，避免给宾客留下公函式信件的印象，应使收信人感到信件是专门为他写的。例如，称呼客人不用“Dear Sir”，而是正确地使用客人的头衔与称呼，正确拼写客人的姓名。

（3）复信的内容应清楚、简洁、用词准确。

（4）复信的格式必须正确，注意中英文书信格式的差异。复信中除注明复信人的姓名与身份外，地址和复信日期要书写完整。对客人来信所提的问题要给予具体的答复。

（5）注意信纸、信封的质量，邮票的选择及复信人或预订处主管的亲笔签名。

（五）互联网订房

通过互联网进行网上预订，是目前国际、国内较为先进的订房方式。它的特点是方便、廉价、快捷，且互联网上的信息资料图文并茂，客人可以对酒店有更多的了解。随着我国酒店业连锁化、集团化进程的加快，不少酒店纷纷加入了国际或国内酒店集团的连锁经营。大型的酒店连锁集团公司都拥有中央预订系统（CRS），可实行全方位的在线订房。酒店也越来越注重其网站主页的设计，以增

强吸引力。虽然这一做法比传统的做法经济、迅速，但对大多数中小型酒店来说一时还难以承受，因此，尚未得到广泛的普及和应用。

（六）合同订房

酒店与旅行社或商务公司之间通过签订订房合同，达到长期出租客房的目的。

客人的预订方式很多，无论面对哪种方式，酒店预订员都必须注意以下几个问题：

（1）无论是接受预订还是婉拒预订，都必须及时给客人以明确答复。一般来说，为尊重客人，客人以何种方式订房，酒店也应以同样的方式答复客人。

（2）不预先告知房号。预订员在接受预订时，不要给客人以具体房间号码的许诺。因为房间的租用情况随时都在变化，一旦客人到达，所订房间没有空出或不能使用，酒店将失信于客人。

（3）为保证整个预订工作的严密性，应尽可能掌握客人的离店日期。如果客人没有讲清房间需预订几天，酒店通常只为其预订一夜客房。

四、客房预订的种类

客房预订的分类方法多种多样，通常按预订的确认程度可概括为如下三种：

（一）临时类预订

临时类预订是客房预定种类中最常见、最简单的一种预订。临时性预订是指客人的订房日期与抵店日期非常接近，甚至在抵达酒店当天才联系订房。由于时间仓促，酒店无法要求客人预付订金，只能是口头确认，无须寄确认书。这类订房通常由总台接待处受理，因为接待处比其他部门，如营销部、公关部，更了解酒店当天客房的出租状况。接受此类预订时，酒店预订人员要问清客人所乘的航班、车次及抵店时间，重复客人的订房要求，让客人核对，尤其要提醒客人酒店将房间保留至当日 18：00，这个时限被称为“取消预订时限”或“留房截止时限”。客人若在当天的“留房截止时限”之后仍未抵店，也未事先与酒店联系，就算自动放弃订房。

（二）确认类预订

确认类预订指酒店答应为订房客人保留客房至某一事先声明的规定时间。此类预订，客人都提前较长时间订房，酒店有足够的时间与客人进行口头确认或书面确认。

如果客人在议定的时间之内抵店，酒店应保证向其提供所需的客房；如果订房客人到了规定时间仍未抵店，也未与酒店联系，酒店可将预留房间另租给未预订的零星散客或等候名单上的客人。除客人特别议定的时间外，一般取消确认性预订的时间为18：00。

（三）保证类预订

保证类预订是指宾客通过信用卡预付订金、签订合同等方法，来保证酒店应有的收入，同时酒店会保证为这类宾客提供所需的客房，使双方建立起一种更为稳固的关系。酒店必须在任何情况下都保证预订的落实——保留客房至抵店日期次日的退房结账时间；同时，客人也要保证按时入住，否则要承担经济责任。此类预订不仅保护了客人的利益，使其免受超额预订的不利影响，而且也确保了酒店在出现订房客人不到的情况下仍有客房收益。

一般情况下，保证类预订可以通过预付订金、使用信用卡和订立合同等形式进行担保，以保护双方的利益。

1．预付订金担保

预付订金担保是指客人在抵店前，通过先行交纳预付款（一般为所订客房的一夜房费）的方式，获得酒店的订房保证。若客人预付了一天以上的房租，但届时未取消预订而又不抵店入住，则酒店仍只收取一天房租，将余款退还客人，同时取消后几天的预订。从酒店角度来说，收取预付订金是最理想的保证类预订方式。酒店的预付订金政策一般包括以下内容：收取预付订金的期限、支付订金最后截止日期、预付订金数额的最低标准、退还预付订金的具体规定。酒店的责任是预先向客人说明取消预订、退还预付款的政策及规定，并保证按客人要求预留符合客人要求的房间。

2．信用卡担保

信用卡担保指客人使用信用卡来担保所预订的酒店客房。客人将所持信用卡的种类、号码及持卡人姓名、失效期等以书面形式通知酒店，酒店要验证其信用卡的有效性。即使客人届时既未取消预订，又不登记入住，酒店仍可通过发卡公司收取客人一夜的房租，以弥补酒店的损失。

3．合同担保

合同担保指酒店同经常使用酒店设施的客户单位签订合同以担保预订，以此确定双方的利益和责任。合同的主要内容包括签约单位的地址、账号，以及同意为未按预订日期抵店入住的订房者承担付款责任的说明等。

同时，合同还规定了通知取消预订的最后期限。如果签约单位未能在规定期限内通知取消，酒店将按照合同规定收取房费。对于保证类预订，酒店无论如何都应保证只要客人一到就为其提供所订房间或代找一间条件相仿的房间。保证类预订既保证了宾客对住房的需求，维护了客人的利益，同时也维护了酒店的经济

利益，因此，对酒店和客人双方都是有利的。

由于各地区、各酒店的实际情况不同，担保的方法也不尽相同。有些酒店将其认可的个人名誉担保视为订房担保；有些酒店目前尚无法接受以信用卡作为订房担保。因此，具体采取何种有效的订房担保，应视实际情况而定。

五、客房的种类与价格

（一）客房的种类

一般酒店的客房种类设置大概有如下几种：

1. 单人间

一间的面积通常为 16 ~ 20 平方米，内有卫生间和其他附属设备，房内设一张单人床。

2. 标准间

房内设两张单人床的称为标准间。这样的房间适合住两位客人，适合旅游团队或会议团体用。

3. 大床间

房内设一张双人床，这样的房间适合夫妻同住或商务客人。在以接待商务客人为主的酒店，大床间的比例逐渐升高，可占客房总数的 50% ~ 60% 。

4. 豪华间/高级间

房内设两张单人床或一张双人床，房间的面积、装修、房内设施比普通标准间和大床间档次高，其价格也高一些。

5. 商务间

商务间的面积一般比标准间略大，配有标准的办公桌、可以宽带上网的液晶电脑、充足的照明设施，有些还有传真机、书柜等。

6. 普通套间

普通套间一般是连通的两个房间，一间布置为起居室，另一间为卧室。卧室内设两张单人床或一张双人床。这样的套间格局比较典型，适合夫妻或旅游团队使用。

7. 豪华套间

豪华套间内的设施设备豪华齐全，一般房间数及卫生间均在两间以上，有些还有会议室、书房。这种套间的特点在于注重客房的装饰艺术、布置氛围，用品配备齐全、功能完善，呈现豪华气派。

8. 总统套间

总统套间是最高级的客房，面积比豪华套间更大，一般由 5 ~ 7 间甚至更多的房间组成，设有男、女主人卧室及豪华浴室，还有起居室、会议室、餐厅、书房、随员房、保镖房、厨房等。它在酒店内独一无二。这种套间装饰布置极其讲究、华丽，有些还带有小型花园和小酒吧，通常在高档的豪华酒店内才设置这种房型。所谓的“总统套间”并非总统才能住，只是标志该酒店已具备了接待总统的条件和档次。

除了以上类型外，还有其他特殊形式。如根据客人需要，把相对的两间客房或相邻的两间客房一起出租给客人使用，称为组合客房；还有多功能客房、残疾人客房等。

客房按位置划分时，可分为：

（1）外景房，窗户朝向公园、大海、湖泊或街道的客房。

（2）内景房，窗户朝向酒店内庭院的客房。

（3）角房，位于走廊过道尽头的客房。

（4）连通房，室外两门毗连而室内无门相通的客房。

（5）相邻房，隔墙有门连接的客房。

（二）客房的价格

1．房价的种类

（1）标准价。又称为“牌价”“门市价”“散客价”，即在酒店价目表上明码公布的各类客房的现行价格。该价格不含任何服务费或折扣等。

（2）商务合同价。酒店与有关公司或机构签订房价合同，并按合同固定向对方客人以优惠价格出租客房，以求双方的长期合作。房价优惠的幅度视对方能够提供的客源量及客人在酒店的消费水平而定。

（3）团队价。主要是针对旅行社的团队客人而定的折扣价格，其目的是与旅行社建立长期良好的业务关系，确保酒店长期、稳定的客源，提高客房利用率。团队价格可根据旅行社的重要性、所能组织的客源的多少，以及酒店淡旺季客房利用率的不同加以确定。为了吸引团队客人，很多酒店给予团队客人的优惠价往往低于酒店标准价的50%。

（4）白天租用价。在下列情况下，酒店可按白天租用价向客人收取房费：客人凌晨抵店入住；客人离店超过了酒店规定的时间；入住与退房发生在同一天。大部分酒店的白天租用价按半天房费收取，也有些酒店按小时收取。

（5）折扣价。酒店向常客、长住客或其他身份特殊的客人提供的优惠房价。

（6）家庭租用价。酒店为带小孩的父母提供的优惠价。

（7）免费。由于各种原因，酒店有时需要为某些特殊客人提供免费房。

（8）小包价。酒店为客人提供的一种报价方式，除了房费以外，还包括餐

费、交通费、游览费（或其中的某几个项目）等，以方便客人。

（9）淡季价。在营业淡季，为了刺激需求，提高客房利用率，会为普通客人提供一定的折扣，通常是在标准房价的基础上，下浮一定的百分比。

（10）旺季价。在营业旺季，为了最大限度地提高酒店的经济效益，而将房价在标准房价的基础上，上浮一定的百分比。

（11）团购价。团购价是随着电子商务的发展而兴起的，通过客人自行组团、专业团购网站、酒店组织团购等形式，提升客人与酒店的议价能力，并尽可能获得更大的房价让利。团购价实际就是根据薄利多销、量大价优的原理获得的折扣价。现在团购的主要方式是网络团购。

2. 房价的计价方式

按国际惯例，酒店客房价格的计价方式通常有以下五种：

（1）欧式计价。酒店标出的客房价格只包括客人的住宿费用，不包括其他服务费用的计价方式。这种计价方式源于欧洲，世界绝大多数酒店使用这种方式。我国的涉外旅游酒店业基本都采用这种计价方式。

（2）美式计价。酒店标出的客房价格不仅包括客人的住宿费用，而且还包括每日三餐的全部费用，因此又被称为全费用计价方式。这种计价方式多用于度假型酒店。

（3）修正美式计价。酒店标出的客房价格包括客人的住宿费和早餐，还包括一顿午餐或晚餐（二者任选其一）的费用。这种计价方式多用于旅行社组织的旅游团队。

（4）欧陆式计价。酒店标出的客房价格包括客人的住宿费和每日一顿欧陆式早餐的计价方式。欧陆式早餐主要包括冻果汁、烤面包、咖啡或茶。有些国家把这种计价方式称为“床位连早餐”计价。

（5）百慕大式计价。酒店标出的客房价格包括客人的住宿费和每日一顿美式早餐的计价方式。美式早餐除含有欧陆式早餐以外，通常还包括火腿、香肠、咸肉等肉类和鸡蛋。

六、房态的主要类型

1. 住客房

住客房（Occupied Room，OCC），又称实房，指住店客人正在使用的客房。

2. 走客房

走客房（Check-out Room，C/O），又称走房，指客人已经退房，但服务员还未清扫的客房。

3. 空房

空房（Vacant Room，VAC），又称OK房，指客房已经打扫干净，并通过客房领班的检查，随时可以出租的客房。

4. 待修房

待修房（Out of Order Room，OOO），又称坏房，指房间内的设施设备发生故障或正在更新改造，暂时不能出租的客房。

5. 保留房

保留房（Blocked Room，BLO），是酒店内部掌握的一种客房。酒店会为一些大型的团体预留他们所需的客房，同时还有一些客人在预订客房时，会指明要预订某个房间。

6. 外宿房

外宿房（Sleep Out Room，S/O），指住客在酒店外过夜的房间，一般不在前台管理系统软件的房态图中显示。

7. 请勿打扰

请勿打扰房（Do Not Disturb，DND），指住客为不受干扰，在房门外的把手上悬挂“请勿打扰”牌，或者打开墙壁上的“请勿打扰”指示灯，一般也不在前台管理系统软件的房态图中显示。

拓展视野

房态的转换示意见图2-2。

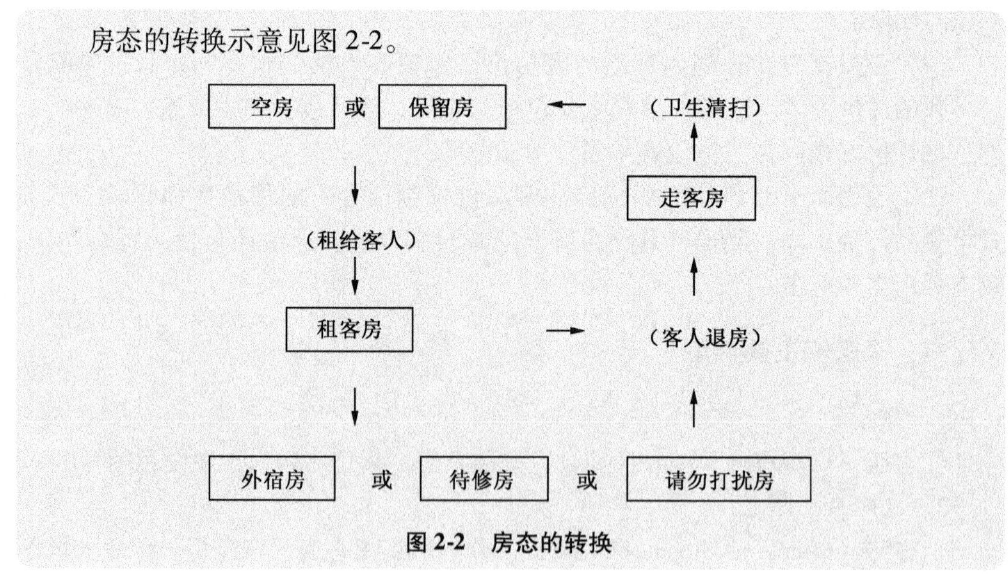

图2-2 房态的转换

任务二 办理预订

任务目标

1. 熟悉客房预订的基本流程。
2. 掌握办理各种方式的客房预订的方法。

案例导入

预订房型出错

一天下午6点前，一位自称史密斯的客人十分生气地找到端坐在酒店大厅一侧的值班经理。原来，这位客人三天前给酒店客房预订部打过电话，要求预订一间高层向阳的标准间，当时预订部人员按客人要求为其办理了预订手续，但当客人到店办理入住手续时，接待人员却告诉他向阳的标准间已经全部租出，问客人是否可以更换一间别的房间。客人当即表示：既然在三天前做了预订，就不应该出现此类情况。客人进行投诉。值班经理很快查明原因，原来，当日上午一位未办理预订手续的客人也提出要高层向阳的房间，接待人员未见史密斯先生到店，以为他不会来了，便将此客房安排给了另一位客人。

任务布置

1. 学生自由选择不同的预订方式，并分小组对于本地三星级以上酒店进行客房预订，调研其预订服务。
2. 每组编写调研报告，用PPT形式完成课堂汇报。
3. 分角色模拟预订服务的过程。

任务分析

客房预订业务是一项技术性较强的工作，如果组织得不好，常会出差错，以至于影响对客服务质量和整个酒店的信誉。积极有效地开展预订业务，既能满足客人的订房要求，又可以促进酒店客房的销售。为了确保预订工作的高效有序，必须建立科学的工作程序。

关键词

客房预订

客房预订是指在客人抵店前对酒店客房的预先订约。酒店的利润收入靠的是成功地出租客房，让宾客使用酒店的设施。预订服务可以开拓市场，稳定提高客房出租率，是酒店前厅服务中非常重要的一环。

相关知识

一、接受客房预订的程序

（一）预订前准备

预订前的准备工作主要包括：检查预订报表和各种统计表，掌握已经订出的客房情况、订房数量；检阅计算机、明确当日住店和即将离店客人状况，掌握哪些客房从哪天开始可以预订，防止订房与住店客人用房、已订出客房发生冲突；查阅交接班记录，了解工作完成情况和未完成预订的处理情况；准备好预订单和预订表格、用品，调整计算机处于待工作状态。

（二）通讯联系

宾客常以电话、面谈、传真、互联网、信函等方式向酒店前厅部客房预订处提出订房要求。

（三）明确客人要求

预订员应主动向宾客询问，以获悉宾客的住宿要求，主要包括抵离时间、用房类型与数量等。

（四）受理预订或婉拒预订

预订员通过查看预订总表或计算机终端，判断宾客的预订要求是否与酒店的实际提供能力相吻合。预订员主要应查看以下四点：抵店日期、客房种类、用房数量、住店夜次。若以上因素均符合，则预订员可受理客人预订，将客人相关预订信息填入“宾客预订单”（图 2-3），包括宾客姓名、人数、国籍、抵离店日期、时间、车次或航班，所需客房种类、数量、房价、付款方式、特殊要求，以及预订人姓名（或单位）、地址、电话号码等信息。

若四点因素中有不符合之处，预订员不应立即拒绝客人，应积极进行协调，主动提出一系列可供客人选择的方案，并征求客人意见；若协调无果，再婉拒客人，并对客人选择本酒店表示感谢，希望今后能再有机会为客人提供服务。如果

客人采用的是信函、电邮等书面方式订房，也应以“致歉信”（图 2-4）等书面形式礼貌复函，以表歉意。

客房预订单

XX HOTEL RESEERYATION FORM

新预订 □　　　　改预订 □

客人姓名 NAME OF GUEST	账号 A/C NO.	房号 ROOM N0.

抵达日期 ARR DATE	班次 CARRLER	时间 ETA
离店日期 DEP DATE	班次 CARRLER	时间 ETA
人数 GUESTS	成人 ADULT	小孩 CHILDREN

房数 ROOM	房类 TYPE	房价 RATE	理由 REASON

付款方式
MATHOD OF PAYMENT

特殊服务
SPECIAL SERVICE

备注
REMARKS

预订人 BOOKED BY	单位 FIRM
电话 TELEPHONE	地 址 ADDRESS

接受预订者	输入预订者	修改预订者	取消预订者
________	________	________	________
日　期	日　期	日　期	日　期

图 2-3　客房预订单

致歉信

__________小姐/女士/先生：

由于本酒店________年________月________日的客房已经订满，我们无法接受您的订房要求，深表歉意。感谢您对本店的关照，希望以后能有机会为您服务。

××酒店前厅预订处

______年______月______日

图 2-4　致歉信

（五）确认预订

预订员在接到客人的预订要求后，要立即将客人的预订要求与酒店未来客房的使用情况进行比照，决定是否能够接受。如果可以接受，就要对客人的预订加以确认。一般应采用书面确认的方式，向客人发出预订确认函（图 2-5）或确认邮件。

预订确认函

<table>
<tr><td>××酒店
地址：________________
电话：________________
您对__________________
____
的预订已被确认。</td><td>客房类型：________　数量：__________
房价：________
预订日期：________　抵达日期：______
抵达日间：________　住宿天数：______
离店日期：________
结账方式：________　订金：__________
客户地址：________________________
客户姓名：________　电话：__________</td></tr>
<tr><td colspan="2">本酒店愉快地确认了您的订房。由于客人离店后，需要有一定的时间整理客房，因此，请于抵店当日 14：00 后办理入住，请见谅。另外，未付订金或无担保的订房，如未事先说明，所订房间只保留到抵店当日 18：00。</td></tr>
</table>

图 2-5　预订确认函

（六）预订资料记录储存

当预订确认书发出后，预订资料必须及时、正确地予以记录和储存，以防疏漏。预订资料一般包括客房预订单、确认书、预付定金收据、预订变更单、预订取消单、客史档案卡及宾客原始预订凭证等。有关同一宾客的预订资料装订在一起，将最新的资料存放在最上面，依次顺推，便于查阅。预订资料的记录储存可采用下列两种方式：一是按宾客所订抵店日期顺序储存，这样便于掌握某一个时

间段的预订房间数量和客人数量；二是按宾客姓氏字母顺序储存，根据宾客姓名的第一个字母顺序储存，可以很方便地查找客人的订房资料。

（七）订房核对

由于客人抵店前经常出现取消或更改订房的情况，所以，需要做好订房核对工作，发现问题及时更正或补救，以保证订房工作的准确无误。订房核对工作一般分三次进行，分别为客人到店前一个月、一周和前一天。若是重要客人或提前预订时间长的大团，还应增加核对次数。

（1）客人抵店前一个月做一次核对。预订员以电话、书信或传真等方式与订房人进行核对，核对的内容是抵达日期、预住天数、房间数量与类型等；核对的主要对象是重要客人和重要团队。如果没有变化，按准预定房处理；如果有更改，根据变更后房间有无，做更改处理；如果核对中客人取消和修改订房信息，则修正预订信息。

（2）客人抵店前一周做第二次核对。第二次核对的程序和方法与第一次核对相同。核对的重点是抵达时间、更改变动的订房和重要客人订房。对客人取消预订的房间，应将其转列为候补或优先等待的客人订房，并告知客人。

（3）客人抵店前一天做第三次核对。这次核对主要采用电话方式进行。预订员仔细检查预订内容，并将准确的订房信息传达到总台接待处。如果有取消预订的，应立即通知总台将这些取消预订的客房售给没有预期而到达的客人。

（八）抵店准备

做好客人抵店前的准备工作，既有助于缩短订房客人办理入住登记的时间，又能提前做好接待服务工作中的细节安排，向客人提供针对性的服务。客人抵店前的准备工作大致划分为三个阶段：

（1）提前一周或数日，将主要客情，如重要贵宾（VIP）、大型会议及团队、客满等信息通知各有关部门和总经理。具体方法可采取分发一周客情预报表、重要宾客预报表等，或者召开由总经理或主管副总经理主持的协调会来发布。

（2）客人抵店前夕，将具体接待安排以书面形式通知有关部门，使各部门做好对客服务的准备工作。通知单主要包括：VIP 接待通知单、接站单、订餐单、次日抵店客人名单等。对某些指定的房间，特别是 VIP 客人的订房，预订处应提前一天或数天，用电话或书面方式通知接待处和客房部，对这些房间进行控制，不再出租给其他客人，即实行所谓订房管制。对其他特殊订房也要特殊照顾，以体现出酒店服务的个性化。如新婚订房，酒店应在客人到达之前布置好祝贺卡和鲜花，再送上纪念品，给新婚夫妇留下美好而难忘的印象。

（3）客人抵店当天早上，开房员根据抵店客人名单，提前预分好房间，并把钥匙信封、住房登记单准备好；同时，将有关细节通知相关部门，共同完成客人抵店前的各项准备工作。

二、各类客房预订流程

（一）电话预订

1．一般散客电话预订

一般散客电话预订涉及的服务环节及标准见表2-1。

表2-1　散客电话预订流程

服务环节	标准
接听	• 铃响三声以内接听，动作轻。 • 如果超过三声，接听电话时要对宾客说："对不起，让您久等了。"
问候	• 问候语：您好/早上（下午、晚上）好，这里是××酒店预订处。 • 问候时面带微笑，让微笑通过声音传递给宾客。 • 注意语音柔和、语调委婉、语言简洁规范、口齿清晰、语速有节奏，不宜太快或太慢，太快容易让宾客听不清楚，太慢容易让客人产生懒散的感觉。
询问姓名	• 询问宾客姓名的拼写方式。 • 通过计算机查询客史资料，了解宾客是否曾经入住或是否是贵宾等。 • 清晰复述确认，做好记录。
询问需求	• 确认宾客需要预订客房的具体日期。 • 查看计算机记录及客房预订控制板，了解能否满足宾客的订房需求。
推销房间	• 介绍房间种类和房价（以三种为宜），能够介绍不同房间的各自特色，能够合理解释不同房间价格差异的原因。 • 询问宾客公司名称，初步识别宾客是否属于协议宾客或贵宾等。 • 进一步确认是否属于合同单位，以便确定能否给予优惠价格。
询问付款方式	• 询问宾客付款方式，在预订单上注明。 • 如果是公司或旅行社承担费用，应要求在宾客抵店前提供公司或旅行社电传书面信函，作为付款担保。
询问抵达情况	• 询问宾客抵达车次或航班班次、时间。 • 向宾客说明若无明确抵达车次、时间或航班班次、时间，酒店仅能保留房间到酒店规定时间。
询问特殊要求	• 询问宾客是否有其他特殊要求，特别关注宾客是否有宗教信仰。 • 详细记录宾客特殊要求并复述。 • 将宾客特殊要求记入客史资料。
询问代理人情况	• 如果是代理人订房，需要询问预订代理人姓名、预订代理人电话号码、预订代理人有无其他要求。 • 简要复述预订情况，做好记录。

续表

服务环节	标准
复述预订内容	• 在预订工作完成之前，用清晰、简洁的语言向宾客复述其预订客房的关键信息，具体包括： ——宾客姓名； ——抵离日期和时间、车次或航班信息； ——房间种类、房价； ——特殊要求、付款方式； ——代理人情况。
完成预订	• 向宾客致谢，等宾客挂断电话后，轻轻挂断电话。

2. 贵宾电话预订

贵宾电话预订涉及的服务环节及其标准见表 2-2。

表 2-2 贵宾电话预订流程

服务环节	标准
接听问候 询问姓名	• 按照一般散客电话预订标准接听电话，问候和询问宾客姓名。 • 获知宾客身份与职位信息，如果符合酒店贵宾接待条件，立即按贵宾接待服务标准提供预订服务。
询问需求	• 详细询问抵达及离店日期、车次（航班）、房间类型、房价、结算方式，并做好记录。 • 在“VIP 接待审批表”上详细记录宾客对房间类型、位置、朝向等的要求。 • 详细询问宾客对餐饮及其他产品的要求。 • 查看计算机及客房预订控制板，核对预订日期的房态状况。 • 详细记录贵宾的特殊要求，并用清晰、简洁的语言复述宾客的订房及相关要求。
感谢宾客	• 感谢宾客选择入住本酒店。 • 及时把确认信息发送给宾客。 • 等宾客挂断电话后，轻轻地挂断电话。
填写表单	• 根据预订记录内容，及时填写“VIP 接待审批表”。 • 将填写完成的“VIP 接待审批表”立即呈交上级审核。
信息传递	• 根据审批后的“VIP 接待审批表”，制作“VIP 接待通知单”。 • 将“VIP 接待通知单”通过表单、OA、电子邮件等形式，送达相关部门。

3. 会议电话预订

会议电话预订涉及的服务环节及标准见表2-3。

表2-3 会议电话预订流程

服务环节	标准
接听	• 铃响三声以内接听，动作轻。 • 如果超过三声，接听电话时要对宾客说声："对不起，让您久等了。"
问候	• 问候语：您好/早上（下午、晚上）好，这里是××酒店预订处。 • 问候时面带微笑，让微笑通过声音传递给宾客。 • 注意语音柔和、语调委婉、语言简洁规范、口齿清晰、语速有节奏，不宜太快或太慢，太快容易让宾客听不清楚，太慢容易让人产生懒散的感觉。
询问姓名	• 询问宾客姓名及其拼写方式。 • 清晰复述确认，做好记录。
聆听信息	• 获得宾客公司名称。 • 清晰复述确认。
询问要求	• 询问宾客所述内容及会议名称。 • 询问会议天数。 • 询问会议人数。 • 询问所需房间类型、数量。 • 询问所需会议室类型、数量。 • 询问餐饮需求。
查看房态	• 查看计算机记录及客房预订控制板，查看房型、房量、会议室能否满足预订需求。
确认需求	• 根据抵店日期的客房预订及餐饮预订状况，对宾客预订要求一一进行确认与沟通。 • 如果所要求的房间类型的房间数不够，应及时告知宾客，并推荐类似的房间类型，尽量满足宾客需求。 • 如果酒店没有足够的房间满足订房需求，应向宾客表示歉意，并表达期待下次合作的意愿。
填写表单	• 根据记录的订房需求，仔细询问并填写"会议团队预订表"。
确定价格	• 根据会议团队房价报价。 • 按照会议团队会议室价格报价。 • 在规定授权范围内给予一定的折扣。 • 确定价格，并记录在预订单上。
确定付款方式	• 询问付款方式（一般采用支票结账方式）。 • 询问会议选择单独结账还是统一结账。 • 确认付款方式及结账形式，并记录在预订单上。

续表

服务环节	标准
询问其他	• 询问会议团队成员状况，以提前安排房间分配工作。 • 询问会场布置要求。 • 询问餐饮标准，确定用餐地点、时间。 • 询问会议成员抵店、离店情况。 • 询问会议联系人、有效签单人及联系方式。
复述预订内容	• 抵店时间、离店时间、车次（航班）、交通工具。 • 房间类型、数量、房价。 • 预住天数。 • 会议名称、时间、地点、布置形式、费用。 • 用餐标准。 • 付款方式。 • 联系人、有效签单人及联系方式。
完成预订	• 向宾客致谢，待宾客挂断电话后，礼貌挂断。

4. 旅游团队电话预订

旅游团队电话预订涉及的服务环节及标准见表 2-4。

表 2-4　旅游团队电话预订流程

服务环节	标准
接听	• 铃响三声以内接听，动作轻。 • 如果超过三声，接听电话时要对宾客说声："对不起，让您久等了"。
问候	• 问候语：您好/早上（下午、晚上）好，这里是××酒店预订处。 • 问候时面带微笑，让微笑通过声音传递给宾客。 • 注意语音柔和、语调委婉、语言简洁规范、口齿清晰、语速有节奏，不宜太快或太慢，太快容易让宾客听不清楚，太慢容易让人产生懒散的感觉。
询问姓名	• 询问宾客姓名及拼写方式。 • 清晰复述确认，做好记录。
聆听信息	• 获得宾客旅行社名称。 • 清晰复述确认。
询问要求	• 询问团队抵店日期。 • 询问预住天数。 • 询问团队人数、成人数与小孩的人数。 • 询问房间类型、所需房间数量。 • 询问餐饮需求。
查看房态	• 查看计算机记录及客房预订控制板，查看房型、房量能否满足旅行社预订房间的需求。
确认需求	• 根据抵店日期的客房预订及餐饮预订状况，对宾客预订要求一一进行确认与沟通。 • 如果制订房间类型的房间数不够，立即告知旅行社，并推荐类似的房间类型，尽量满足需求。 • 如果酒店没有足够的房间满足订房需求，应向旅行社表示歉意，并表达期待下次合作的意愿。

续表

服务环节	标准
填写表单	• 根据记录的订房需求，仔细询问并填写“团队预订表”。
确定价格	• 根据团队房价报价，不得随意报价。 • 根据规定确定优惠价格，并记录在预订单上。
确定付款方式	• 询问付款方式。 • 询问团队选择单独结账还是统一结账。 • 确认付款方式及结账形式，并记录在预订单上。
询问其他	• 询问团队抵达车次（航班）及时间。 • 询问每日三餐是否在酒店就餐。 • 询问用餐标准。 • 询问联系方式，导游或领队联系方式要在团队出发前再次确认。
复述预订内容	• 抵店时间、车次（航班）。 • 房间类型、数量、房价。 • 付款方式。 • 离店时间。 • 用餐标准。 • 联系人及联系方式。
完成预订	• 向宾客致谢，并提醒对方发确认函，对以上信息进行书面确认。 • 待宾客挂断电话后，轻轻挂断电话。

（二）传真预订

传真预订涉及的服务环节及标准见表2-5。

表2-5　传真预订流程

服务环节	标准
接收传真	• 保持传真机24小时待机，并处于良好的工作状态。 • 接收传真，打上时间记号，仔细阅读传真内容。 • 确认预订信息：抵离店日期、人数、房间类型、房间数等。
确认或婉拒	• 及时查看预订房态状况，决定确认或婉拒。
回复传真	• 如果是加急传真，立即回复。 • 如果确认预订，当日及时回复客房预订确认函。 • 如果婉拒预订，当日及时回复婉拒预订致歉信。 • 回复传真时，注意使用回函的标准格式。
记录存档	• 将确认预订的信息登记在预订单上，并录入计算机。 • 将宾客发来的预订传真作为附件，与预订单订在一起，按日期存档。

（三）网络预订

网络预订涉及的服务环节及标准见表 2-6。

表 2-6 网络预订流程

服务环节	标准
接收预订信息	● 保持网站 24 小时处于正常运转状态。 ● 每日及时接收邮件，或通过邮件与手机相连接的提醒功能，在邮件到达时及时接收。 ● 仔细阅读邮件内容。 ● 确认预订信息：抵离店日期、人数、房间类型、房间数等。
确认或婉拒	● 及时查看预订房态状况，决定确认或婉拒。
回复邮件	● 如果确认预订，可以通过电子邮件或电话方式当日及时回复客房预订。 ● 如果婉拒预订，可以通过电子邮件或电话方式当日及时回复婉拒预订，并致歉或推荐其他相关酒店产品。
记录存档	● 将确认预订的信息登记在预订单上，并录入计算机系统。 ● 将宾客发来的预订邮件作为附件打印出来，并与预订单订在一起，按日期存档；或记录邮件编号，并登记在预订单上，以便查阅。

（四）信函预订

信函预订涉及的服务环节及标准见表 2-7。

表 2-7 信函预订流程

服务环节	标准
接收信函	● 接收信函，仔细阅读信函内容。 ● 确认预订信息：抵离店日期、人数、房间类型、房间数等。
确认或婉拒	● 及时查看预订房态状况，决定确认或婉拒。
回复邮件	● 如果确认预订，在预订时间比较宽裕、酒店预订房间不紧张的情况下，可以选择使用酒店精美信函进行回复，在预订日期到达当日，通过电话方式再次进行预订信息确认。 ● 如果婉拒预订，及时回复婉拒预订，并致歉或推荐其他相关酒店产品。
记录存档	● 将确认预订的信息登记在预订单上，并录入计算机系统。 ● 将宾客发来的信函作为附件与预订单订在一起，按日期存档。

拓展视野

电脑预订的发展

早在 20 世纪 70 年代初，美国的 EECO 公司就开始将电脑应用于酒店预订和排房的业务管理，至 80 年代初逐渐形成了完善的酒店管理系统。与此同时，国际上已出现如HIS，CLS等知名的酒店管理系统，使酒店的管理效益、经济效益及服务质量都有了明显提高。

中国酒店行业的电脑管理始于80年代，最初是由部分合资酒店及加盟国际管理集团的酒店引进的国外整套软、硬件系统，发展比较成熟的主要有EE-CO系统、HIS系统及具有较强竞争力的Fidelio系统。90年代末，国产酒店管理软件进入成熟时期，适应多种平台的酒店管理软件不断被开发出来，此时高端酒店已开始使用国产软件。进入21世纪，基于互联网技术的酒店管理系统也开始出现。与此同时，国内一些大城市的小型酒店也纷纷开始使用电脑技术进行管理，国产软件进入了快速发展时期，形成了酒店软件产业，出现了如杭州西软科技Foxhis系统、华仪酒店管理系统、北京泰能酒店信息系统、中软好泰酒店信息系统等软件企业。

任务二　管理预订

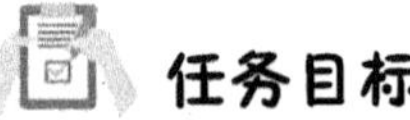

任务目标

1. 了解有关预订的政策。
2. 掌握超额预订的相关知识。
3. 掌握预订失约行为的处理及控制方法。

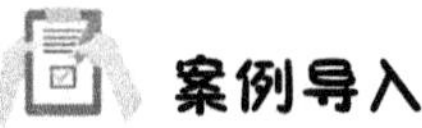

案例导入

取消预订

3月11日，成都某酒店预订处接到来自山东某进出口公司的电话，对方要求预订4个标准间，从3月27日起住4天。几天后，对方按酒店要求将1000元订金存入酒店的账户。

3月22日下午，山东的那家公司又来电话说："对不起，我们原订的4个标准间现因计划有变，不再需要了。我们打算取消预订。"对方的意图很明显：那1000元订金能退吗？

预订员请对方稍等片刻。他放下电话，迅速从电脑中查找预订记录。的确，对方10天前已把订金打入酒店账内。今天离预订日期足有5天，按酒店规定，这类情况可退订金。

“我们同意取消预订，订金照退。请告诉我贵公司的账号。”挂上电话，预订员便在预订记录上作了取消记号，接着又与财务部联系，要求退回对方1000元订金。

［分析］ 酒店实行订房订金制度既可以保证订房客人的用房要求，又能减少客人因故预订不到而使酒店在经济上蒙受损失，是国际通用的惯例。客人如果付了订金但因故不能履约，应视不同情况酌情处理，一般应持包涵、宽容的态度，除非对方毫无道理，或信誉不好。如果客人提前较长时间取消预订，使酒店有足够时间重新处理房间，订金应全退。

任务布置

“五一旅游黄金周”中的某一天，某酒店除套房外，客房全部住满。晚上9点左右，一对旅行结婚的青年夫妇拿着预订确认书来到酒店总台要求住宿。半个月之前他们已经在酒店预订了一套标准间，连住3天，但因天气不好，飞机误点，才刚刚抵店。面对这种情况，前台接待员只好一再向客人道歉，一边安抚客人，一边请示酒店值班经理处理的办法。

讨论：如果你是酒店值班经理，会如何处理这个问题？如果酒店房间全部售出，酒店需要赔偿客人吗？在什么情况下，酒店需要赔偿客人？

任务分析

预订客人抵店后可能会因各种原因，就订房问题与酒店发生纠纷。尽管客人抵店时间已超过了酒店规定的入住时间，但还应以灵活的方式处理好纠纷，保障双方合法权益，维护酒店的良好声誉。

相关知识

一、酒店有关预订的政策

酒店管理机构的任务是制定有关预订政策，使整个预订工作有章可循，既能满足客人的需求，保护客人的利益，又有利于酒店的经营管理，保护酒店自身的合法权益。

（1）酒店的预订规程。包括预订的操作程序、接受预订的数量和期限、团体与散客的比例，以及超额预订的比例等。

（2）对预订确认的规定。包括需确认的对象、确认的时间和确认的方式等。

（3）对预订金收取的规定。包括收取预订金的对象，订金的数量、限期或分段收取的方法等。

（4）对预订取消的规定。包括通知取消预订的期限和订金的退还办法等。

（5）酒店对预订客人应承担的责任。对因工作差错、超额预订等酒店方面原因造成违约的处理规定。

（6）预订客人应承担的责任。针对未能如约而来、逾期抵店、迟缓通知取消预订等客人方面的原因造成违约的处理规定。

二、预订变更

预订变更（Amendment）是指预订顾客在实际抵店前，因种种原因临时要求改变预计的日期、人数、要求、期限、姓名和交通工具等。

在预订变更时，预订员首先应该查看计算机记录，看是否能够满足客人的变更要求。如能够满足，则予以确认，同时填写“预订更改表”，修订有关的预订记录，并将这一新信息通知已经通知过的有关部门；如不能满足客人的变更要求，预订员应根据具体情况与客人协商解决。变更预订的处理程序与标准见表2-8。

表2-8　变更预订的处理程序与标准

程序	标准
接到客人更改预订的信息	• 询问要求，更改预订客人的姓名及原始到达日期和离店日期。 • 询问客人需要更改的日期。
确认更改预订	• 在确认新的日期之前，先要查询客房出租情况。 • 在有空房的情况下，可以为客人确认更改预订，并填写预订更改单。 • 需要记录更改预订的代理人姓名及联系电话。
存档	• 将原始预订单找出。 • 将更改的预订单放置在原始预订单上面，订在一起，按日期、客人姓名存档。
未确认预订的处理	• 如果客人需要更改日期，而酒店客房已订满，应及时向客人解释。 • 告知客人预订暂放在等候名单里。 • 酒店有空房时，及时与客人联系。
更改预订完成	• 感谢客人及时通知。 • 感谢客人的理解与支持（未确认时）。

三、预订取消

由于各种缘故，客人可能在预订抵店之前取消订房（Cancellation）。接受订

房的取消时不能在电话里表露出不愉快，而应使客人明白，他今后随时都可光临本酒店，并受到欢迎。正确而妥善处理订房的取消，对于酒店巩固自己的客源市场具有重要意义。在国外，取消订房的客人中有90%以后还会来预订。

客人取消预订后，预订员应该对其预订资料进行有效处理：在预订单上盖上取消预订的印章，并在备注栏内注明取消日期、原因、人数等，然后存档；如果客人的预订信息已经通知到相关部门，则应将客人取消预订的这一新信息通知相关部门。取消预订的处理程序与标准见表2-9。

表2-9 取消预订的处理程序与标准

程序	标准
接到取消预订信息	• 询问要求取消预订客人的姓名、到达日期和离店日期。
确认取消预订	• 记录取消预订代理人的姓名及联系电话。 • 提供取消预订号。
处理取消预订	• 感谢预订客人将取消要求及时通知酒店。 • 询问客人是否要做下一个阶段的预订。 • 将取消预订的信息输入计算机。
存档	• 查询原始预订单。 • 将取消预订单放置在原始预订单之上，订在一起。 • 按日期将取消单放置在档案夹最后一页。

综上所述，在处理预订更改和取消时，预订员应耐心、高效地为宾客服务。不论是变更、取消还是婉拒预订，都有宾客或酒店方面的客观原因，预订员既要灵活地处理各种突发状况，又应表现出极大的热情并提供有效的帮助。若预订的变化内容涉及一些特殊安排，如派车接送、放置鲜花水果等，则需尽快给相关部门发出变更或取消的通知。

四、超额预订

客人向酒店订房，并不是每个人都会采取保证类订房。即使酒店的订房率达到100%，也会有订房者因故预订不到（No-show）、临时取消（Cancellation），或住客提前离店（Under-stays），酒店便会出现空房。酒店为了追求较高的住房率，争取获得最大的经济效益，有必要实施超额订房。

超额订房是指在客房实数预订已满的条件下，再适当增加订房数量和人数，以弥补因订房不到或临时取消订房而可能出现的客房闲置，避免不必要的经济损失。

（一）超额订房数量的确定

超额预订应该适度，以免出现因“过度超额”而不能使客人入住，或“超额不足”而使部分客房闲置的情况。根据国际酒店的经验，超额订房的比例一般控制在10%～20%。具体而言，酒店应根据自己的实际情况，如经验数据、对市场的预测，以及客情分析，合理掌握超额预订的“度”。

一般来说，超额预订量可以用以下公式计算。

$$超额预订率 = 超订量/可订量 \times 100\%$$

$$超订量 = 预订房量 \times 临时取消率 - 预期离店房量 \times 延期住房率$$

$$可订量 = 房间总量 - 续住房量$$

同时，酒店确定超额订房的比例通常需要考虑以下几个因素：

1．预订情况

对住店客人中预订客人和非预订客人的比例进行分析。如果住店客人中大多数是提前预订者，不经预订而直接住店者比例很小，那么，超订量就要大些，以避免客人取消订房后造成客房闲置；反之，则超订量可小些。同时，对订房而未按期到达的单位和个人要做好记录和存档。以后遇到超额订房时，在安排房间上可先占用过去信誉不佳、经常预订而不到客人的订房。另外，如果保证类预订较多，超额订房比例应该小些；反之，则可以适当增加超额订房比例。

2．团队订房和散客订房的比例

团队订房是事先有计划安排的，宾客与酒店签有订房合同，所以预订不到或临时取消的可能性很小，即使有变化，一般也会按照合同条款提前通知酒店。而散客订房的随意性很大，预订不到和临时取消的概率较高。所以，如果团队预订多而散客预订少，超订的比例不宜过大；反之，散客订房多而团队订房少，超订的比例就可大些。

3．不同的销售季节

旺季各酒店订房都较为紧张，客人取消预订的可能性较小，超额订房数量应较少；平季时可供宾客选择的酒店较多，客人可能改住其他酒店，临时取消或预订不到的可能性较大，超额订房数量可以适当增多；而在淡季则很少会出现超额订房。

4．本地区有无其他同等级同类型的酒店

如果本地区还有其他同等级同类型的酒店，可以适当提高超订幅度，万一因超订量过大而无房提供，可以介绍客人到其他酒店。

5．酒店在市场上的信誉程度

一般来说，在社会公众中影响力不大的酒店超订的幅度可适当放宽些，而声誉较高的酒店超订的幅度则应小些。

6．未来几天的天气情况

有时会因为气候的变化，订房的客人不能预期到达。

（二）超额预订的处理

按照国际惯例，如果因超额预订而不能使客人入住，酒店方面应该做到以下几点：

（1）诚恳地向客人道歉，请求客人谅解。

（2）如果酒店还有其他类型的客房可供出租，可以在客人同意的情况下酌情给予客人免费升级待遇。

（3）如果酒店内部无法给予客人免费升级，则立即与另一家相同等级的酒店联系，请求援助；同时，派车将客人免费送往这家酒店。如果没有相同等级的酒店可以接待客人，则可安排另一家等级较高的酒店，高出的房费由酒店支付。

（4）如属连住，则店内一有空房，在客人愿意的情况下，就应把客人再接回来，并对其表示欢迎（可由大堂副经理出面迎接，或在客房内摆放花束水果等）。

（5）对提供援助的酒店表示感谢。

如果客人属于保证类预订，则除了采取以上措施以外，还应视具体情况，为客人提供以下帮助：

（1）支付客人在其他酒店住宿期间的第一夜房费，或客人搬回酒店后可享受一天免费房的待遇。

（2）免费为客人提供一次长途电话或传真服务，以便客人将临时改变地址的情况通知有关方面。

（3）次日排房时，首先考虑此类客人的用房安排。大堂副经理应在大堂迎候客人，并陪同客人办理入住手续。

五、预订常见问题处理

（一）客人订房时无房

（1）首先应向客人道歉，说明原因。

（2）用商量的口气询问是否有变动的可能。如果客人表示否定，则预订员应询问客人是否愿意被列入候补订房客人名单。

如客人愿意，则应将其姓名、电话号码或地址、订房要求等资料依次列入候补名单，并向客人说明酒店会按照客人留下的电话号码及候补名单顺序通知其前来办理预订手续。

如果客人不愿意，则预订员可以婉拒客人或向客人提供其他信息，并建议客人到其他酒店订房。

（二）已预订客人要求增加房间的数量

（1）预订员首先应问清客人的有关信息，如客人的姓名、单位或抵离店日期等，根据客人所提供的资料查找其预订单，核对无误后再进行操作。

（2）查看计算机中酒店预订信息情况，判断是否接受客人的要求。若不能满足，则应向客人推销其他类型的房间或婉言谢绝客人的要求。

（3）再次向客人复述当前客人预订房间数及其他信息，并根据实际情况收取一定的保证金。

（4）更改预订单，并将已修改的预订单发送到有关部门与班组。

（三）客人指定房型、楼层、房号

一般酒店通常不接受指定房号的预订，但会答应客人尽量按其要求的房号安排。如果遇到 VIP 或常客，客人要求又强烈，则预订员应视情况而定。

（1）预订员应根据客人的预订日期，查看计算机中的预订情况，判断是否接受客人的指定性预订。

（2）若有空房则应立即办理预订手续，把需要的房号预留起来并输入计算机；若没有空房，则应向客人说明情况后推销其他房间，或提出其他入住方案作为建议（如先请客人入住其他类型的房间后再更换等）。

（3）最后向客人说明：如果出现不能满足要求的情况，则希望客人谅解并做换房处理。

（四）客人在预订房间时嫌房价太贵

预订员应妥善运用推销语言技巧。

（1）先肯定房价高，后向客人详细介绍本酒店的客房结构及配套设施设备等。

（2）若客人还未下结论，则不妨采用对比法，将客人所预订的房间与其他酒店的进行比较，建议客人先入住尝试，为客人办理预订手续。

（3）允许客人再三考虑，同时也向客人表明我们一定能使人感到物有所值，请客人放心。

（五）客人更改预订日期时无房

（1）首先向客人道歉，并简单说明原因，以尽量得到客人的谅解。

（2）向客人询问是否可以改变日期或建议预订其他类型的房间等；若客人不同意，则建议将客人暂时列入预订候补名单。

（3）问清客人的联系电话，以便及时跟客人取得联系。

（4）取消或更改原来的预订单，及时发送到各相关部门或班组。

（六）订房员接到酒店内部订房

（1）仔细审查订房单是否完整、正确，是否有负责人的亲笔签名，核实所给予的优惠幅度是否在该负责人的权限范围内。

（2）如预订房价的优惠幅度超越权限或协议范围，或者订单不完整，订房员应拒绝接受并报告主管。

拓展视野

预订奥运期间客房后遭违约 法院终审判决宾馆赔偿8000元

因担心北京奥运会期间客房涨价，区女士于2008年2月提前半年在北京一家宾馆订了一间客房，并交了押金。不料之后宾馆称房已包出，拒绝区女士入住，为此区女士将宾馆告上法庭。

昨天记者获悉，北京市第一中级人民法院日前认为宾馆随意违约破坏了诚实、信用原则，应承受商业道德上的谴责，终审判决宾馆主管单位中农研公司赔偿区女士8000元。

2008年7月，区女士向法院起诉称，2008年2月6日，自己受朋友之托到中农研公司下属三星级宾馆预订了标准客房一间。当时双方约定每天房费按298元结算，入住日期为2008年8月16日至24日。区女士支付了100元订房押金，公司向区女士出具了客房预订单。5月6日，当区女士带着房款来提前付费时，被宾馆工作人员告知客房已全部包出去了，无法继续履行合同。气愤的区女士向海淀区消费者协会投诉中农研公司，但双方未能达成调解。区女士遂向法院提起诉讼。

案件审理中，中农研公司承认区女士确实预订了客房，但是有旅行社要在奥运期间包全部客房一个月，公司不能因为区女士一个人而将房屋空着。中农研公司表示愿意双倍返还押金，但是不赔偿经济损失。

法院认为，诚实、信用是当事人参与各项社会活动应当遵循的重要原则之一，社会经济秩序的良好运行、社会主义市场经济的健康发展有赖于诚实、信用原则的普遍适用。具体到每一份合同，诚实、信用不仅是当事人应当严格遵守的基本原则，更是需要当事人切实履行的一项义务。本案中，中农研公司已经接受了区女士的房间预订，却为获取更大的经济利益，置诚实、信用原则于不顾，预期违约，其行为不仅有损自身的商业信誉，更是对诚实、信用原则的极大破坏。中农研公司不仅应当为其随意违约的行为给区女士造成的损失进行相应的赔偿，还须承受商业道德上的谴责。据此，一中院综合考量此案情况，判决中农研宾馆赔偿区女士经济损失8000元。

项目二　抵店应接服务

任务一　准备入住登记手续

任务目标

1. 正确认识办理入住登记手续的目的。
2. 熟悉各类有效证件。
3. 掌握临时住宿登记表和房卡的填写内容。

案例导入

套间变成标准间

某客人电话预订一个套间，实习生A制订用房预分方案时将该客人预订的套间安排在4层409房间。实习生A下班时将预订情况转告给下一班的实习生B。晚上客人到店，接班的前台接待员B没有检查实习生A安排的房号，就为客人办理了入住手续。当客人来到409房间时发现这不是套间，而是标准间，客人大为不满，要求换房。但是前台查询后发现套间已全部租出，没有办法调整，只好答应一有套间就给予调换。

事后前台主管了解到是因为各层09号房间均是套间，唯独4层的09号房间是标准间。而实习生对楼层的情况只是大致了解，结果按一般规律办理，错把标准间当作套间出租了。

[分析]　此事表面看是由于实习生A对于酒店各楼层的客房类型没有进行细致的了解，实质上是由于前台接待准备工作没有做好。前台接待员出租房间就是出售商品，对于自己出售的商品不甚了解，又怎能进行推销？前台接待员在接待客人入住登记前应该做好哪些准备工作呢？

任务布置

1. 学生利用课余时间，至附近酒店调查酒店前台员工办理入住登记的情况。
2. 搜集各酒店入住登记表、房卡等资料。

任务分析

接待处一般位于酒店的前台中央，它的主要任务是负责对客的服务接待和客房的销售，是前厅服务与管理的中枢。前厅接待处的接待员应掌握接待业务程序和标准，与酒店的有关部门协调一致，做好入住客人的接待工作。接待准备包括熟悉并掌握客人的房间分配、熟悉客房状况、了解对客服务程序，这对于做好客房销售工作，以及提供优质接待服务有着非常重要的意义。

关键词

入住登记表

入住登记表（Registration Form）：宾客入住酒店时需填写包括宾客的姓名、性别、国籍（籍贯）、身份证或护照号码、住店时间、房号、永久地址等内容的表单。因为它是有关宾客最基本、最原始的资料，一般都要求用正楷字填写。正确填写这些内容对于酒店的对客服务和经营管理具有重要意义。我国酒店通常涉及的入住登记表有“国内旅客住宿登记表”“境外人员临时住宿登记表”“团队人员入住登记表”这三种形式。

房　卡

房卡（Room Card）：也称为“酒店护照”（Hotel Passport）、“欢迎卡”（Welcome Card）、钥匙卡（Key Card）。它是住店宾客的身份证明，可作为住店宾客开客房门和允许宾客在营业点签单消费的依据，还提示宾客有关退房时间及贵重物品寄存等事项，明确酒店与客人之间的权利和义务关系，避免发生纠纷。很多酒店在房卡上印有总经理向宾客所致的欢迎词，故房卡也称欢迎卡。还有很多酒店在房卡的封底印有酒店在本城市中的位置及地址、联系方式等信息，方便客人回酒店。有一些酒店在房卡上印有酒店的服务项目，以达到推销的目的。因此房卡现已成为酒店形象的展示手段之一。

相关知识

一、办理入住登记手续的目的

办理入住登记手续是前厅部对客服务全过程中的一个重要环节，其工作效果将直接影响到前厅部功能的发挥。不论酒店的规模和档次如何，客人要入住酒店，都必须首先办理入住登记手续。

（一）办理入住登记手续可以和客人签订住宿合同

客人在办理入住登记手续时，必须填写一张由酒店提供的临时住宿登记表，这张表相当于是酒店和客人签订的住宿合同。登记表上明确了客人入住酒店的房号、房价、住宿期限、付款方式等项目，并告知客人退房时间、贵重物品保管等注意事项。最后，酒店接待员和客人都必须在这张临时住宿登记表上签名确认。这标志着酒店与客人之间正式合法的经济关系的确立。因此，只有完成入住登记手续，酒店与客人之间的责任与义务、权利与利益才能明确。同时，从客房预订的角度来说，只有客人办理了入住登记手续，才能使酒店的潜在客人变成现实的客人。

（二）办理入住登记手续是有关户籍管理规定的要求

我国有关法律明确规定，在我国的外国人及国内流动人口，在宾馆、酒店、招待所临时住宿时，应当出示护照或身份证等有效证件，并在办理入住登记手续后才能住宿。酒店管理人员若不按规定为客人办理入住登记手续，是违反有关户籍管理规定的行为，将受到处罚。所以，办理入住登记手续是酒店遵守有关法律的行为，同时也是酒店对国家应尽的义务。

（三）办理入住登记手续可以获得客人的个人资料

客人办理入住登记手续，填写临时住宿登记表，酒店可以获得住店客人的有关个人资料，如宾客的姓名、性别、国籍、住所、工作单位、抵离店日期、付款方式等基本信息。这些个人资料对于搞好酒店的服务与管理至关重要，它为前厅部向酒店其他部门提供服务信息、协调对客服务提供了依据，同时也为酒店研究客情，特别是打造个性化、人性化服务，建立宾客历史档案提供了依据。

（四）办理入住登记手续可以满足客人对房间及房价的要求

办理入住登记手续时，前台接待员通过回答客人的各种问题，可以让客人了解到酒店的各种客房类型和相应的房价，并可推荐一些有特色的房间和价格优惠的房间，客人可以根据自身不同的情况，选择自己满意的房间和房价。所以，通过办理入住登记手续不仅推销了客房，而且满足了客人对房间和房价的要求。

（五）办理入住登记手续可以掌握客人的付款方式，保证客房销售收入

通过客人填写的临时住宿登记表，酒店就可以掌握客人的付款方式，从而保证客房的销售收入，保护酒店的利益。掌握付款方式就可以确定客人在住店期间的信用标准，同时也可提高客人办理离店结账手续的服务效率。常见的宾客付款方式有现金、信用卡、旅行支票和转账。现金结账要注意现金的真伪；信用卡结账要核实是否是本酒店受理的信用卡，并查看是否过期、适用地区、消费最高限额等；旅行支票结账要核实支票的有效性；转账结账则应向客人说明该单位允许转账的具体消费项目。

（六）办理入住登记手续可以向客人推销酒店的其他服务与设施

许多客人在入住前并不十分了解该酒店的服务项目与设施设备情况，这就影响了他们的购买行为。接待员在为客人办理入住登记手续时，可以在推销客房的基础上，抓住时机积极向客人介绍酒店提供的各种服务项目与设施设备，以迎合客人的心理需求，方便客人的选择，从而为酒店带来较高的经济效益和社会效益。例如看到客人抱着小孩，可以推荐“托婴服务”；看到客人的衣服不是很整洁，可以推荐“洗衣服务”；如果客人深夜入住但还未用餐，可以推荐二十四小时营业的酒吧或“房内送餐服务”；等等。要注意的是，推销要根据客人的实际情况，并要遵循适度的原则，以免客人产生厌烦情绪。

二、入住登记的相关表格

（一）住宿登记表

客人抵达酒店后，首先应到前台办理入住登记手续，其中一项重要内容就是填写由酒店提供的临时住宿登记表。每个酒店的临时住宿登记表都由本酒店自行设计，但登记表的格式和内容大体一致，主要包括两个方面的内容：一是公安部门规定需要填写的登记项目，包含客人的完整姓名、国籍、出生年月、永久地址、职业、有效证件号码等内容；二是酒店运行与管理需要填写的登记项目，包含客人的姓名、性别、房号、房价、抵离店日期、付款方式、酒店管理声明、客人和接待员的签名等内容。

我国酒店的住宿登记表大体可以分为两种：一是散客填写的临时住宿登记表（图 2-6），二是团体客人填写的团体人员住宿登记表（图 2-7）。

住宿登记表的基本内容和填写目的如下：

1. 宾客的姓名和性别

姓名与性别是识别客人的首要标志，服务人员要记住客人，特别是常客、贵宾的姓名，并要以姓氏加上“先生”“小姐”等去称呼客人，以示尊重。

临时住宿登记表

REGISTRATION FORM OF TEMPORARY RESIDENCE

<table>
<tr><td colspan="2">英文姓
Surname</td><td colspan="2">英文名
First Name</td><td colspan="2">性别
Sex</td></tr>
<tr><td colspan="2">中文姓名
Chinese Name</td><td colspan="2">国籍
Nationality</td><td colspan="2">出生日期
Date of Birth</td></tr>
<tr><td colspan="2">房号
Room No.</td><td colspan="2">房型
Room Type</td><td colspan="2">房价 ¥
Room Rate</td></tr>
<tr><td colspan="3">工作单位
Company</td><td colspan="3">职业
Occupation</td></tr>
<tr><td colspan="3">证件种类
Type of Certificate</td><td colspan="3">证件号码
Certificate NO.</td></tr>
<tr><td colspan="3">签证种类
Type of Visa</td><td colspan="3">签证有效期
Visa expiry date</td></tr>
<tr><td colspan="3">抵店日期
Arrival Date</td><td colspan="3">离店日期
Departure Date</td></tr>
<tr><td colspan="6">永久地址
Permanent Address</td></tr>
<tr><td>付款方式
Form of Payment</td><td>□现金
Cash</td><td>□信用卡
Credit Card</td><td>□旅行支票
Traveler Check</td><td>□公司账
Company</td><td>□其他
Others</td></tr>
<tr><td colspan="6">请注意：
Please Note：
退房时间是中午十二时。
Checking out time is 12：00 noon.
前台设有免费的贵重物品保险箱，酒店对客房内的现金、珠宝及其他贵重物品概不负责。
Safe deposit boxes are available free of charge at the Front Desk. The hotel is not responsible for money, jewelry or other valuables in the guest room.
访客请在晚上十一时前离开客房。
Visitors are requested to leave guest room by 23：00.</td></tr>
<tr><td colspan="6">备注
Remarks</td></tr>
<tr><td colspan="3">接待员
Receptionist</td><td colspan="3">宾客签名
Guest signature</td></tr>
</table>

图 2-6　临时住宿登记表

团体人员住宿登记表
REGISTRATION FORM OF RESIDENCE FOR GROUP

团队名称： 日期： 年 月 日至 月 日
Name of Group Date： Year Mon Day Till Mon Day

房号 Room No.	姓名 Full Name	性别 Sex	出生日期 Date of Birth	国籍 Nationality	证件种类 Certificate	证件号码 Certificate No.
签证号码： Visa No.				接待单位： Received By		

图 2-7 团队住宿登记表

2. 房号

房号是确定房间类型和房价的主要依据，注明房号也有利于查找、识别住店客人及建立客账。房号的填写应准确无误，以免造成“开重房”，给客人和酒店带来不必要的投诉与麻烦。

有些酒店为了进行市场调研与分析，还在住宿登记表中设计了客源调查项目，如停留事由、下个目的地、订房渠道、住店次数等内容。

3. 房价

房价是客人与接待员在酒店门市价的基础上，协商而成的客房价格。它是建立客账、预测客房收入的重要依据。

4. 付款方式

确定付款方式有利于保障客房销售收入，并可决定客人住宿期间的信用标准，而且还有助于提高退房结账的速度。这最主要还是便于酒店为住客提供高效的离店结账手续。

5. 抵离店日期

准确掌握客人的抵店日期和时间，有助于前台做好各项接待准备工作；而了解客人的预计离店日期和时间，则有助于订房部做好客房预测、接待处做好排房分房工作，并有助于客房部卫生班工作的安排，制定客房清扫顺序。

6. 永久地址

掌握客人正确、完整的永久地址，将有助于酒店与客人的日后联系，如客人遗留物品的处理、邮件转寄服务、向客人邮寄促销印刷品、投诉处理的跟踪服务等。

7. 酒店管理声明

住宿登记表上的管理声明，即住客须知。它告知客人住宿消费时的注意事项，如退房时间为中午十二时前；建议客人使用前台免费的贵重物品保险箱，否则如有贵重物品遗失，酒店概不负责；访客要在晚上十一时前离开客房等内容。这些注意事项有助于完善酒店的服务与管理，同时可以减少酒店与客人的纠纷。

8. 接待员和宾客签名

接待员签名有助于加强接待员工作的责任心，便于控制和保证服务质量。宾客签名是为了表明客人对住宿登记表上所列的内容予以认可和保证，相当于与酒店签订了住宿合同。

（二）房卡

前台接待员在给客人办理入住登记手续时，除了让客人填写住宿登记表外，还会给客人一个印有该酒店名称、标志、地址、电话等内容的折叠式卡片或小册子，这就是“房卡”。房卡的主要作用是证明住店客人的身份，方便客人出入酒店。在一些酒店，房卡还被赋予其他的一些功能，如为区分客人类别，酒店常使用区别于其他房卡颜色或式样的贵宾房卡；根据客人的信用标准，酒店还特别印制一种房卡——钥匙卡，这种卡只证明其持有者的住店客人身份，但不能作为酒店消费场所的签单证明，主要发给没交押金的散客或团体客人。持贵宾房卡和其他种类房卡的客人则可凭房卡去酒店消费场所签单消费，其账单送至前厅收银处入账，退房时一次性结账。但在给客人签单时，各消费场所的收银员一定要核实客人身份及检查房卡是否有效。房卡上的内容（图2-8）主要包括酒店运行与管理所需登记的项目、住客须知及酒店服务设施介绍，有的酒店还印有酒店总经理的欢迎词、酒店的电话指南、酒店所在城市的简易交通旅游图等。

1. 登记的项目

酒店运行与管理所需登记的项目有客人的姓名、房号、房价、抵店日期、离店日期（失效日期）、宾客签名等。填写客人姓名时应加以“先生/小姐”注明。房卡在离店日期当天的中午十二时后自动失效。

2. 住客须知

住客须知的内容和住宿登记表中的酒店管理声明大体一致，有的酒店还特别

加上了安全提示。

3．酒店服务设施介绍

酒店服务设施介绍主要包括酒店各项服务设施的位置、消费项目、营业时间、电话号码等。因此，房卡也起到了促销和为住客提供服务指南的作用。

房卡（内页）

宾客须知 For your information *在总台领取钥匙时请出示此卡。 Please present this card to the Reception Desk when you get your room key. *退房时间是中午十二时。 Checking out time is 12：00 noon. *前台设有免费的贵重物品保险箱，酒店对客房内的现金、珠宝及其他贵重物品概不负责。 Safe deposit boxes are available free of Charge at the Front Desk. The hotel is not responsible for money, jewelry or other valuables in the guest room. *访客请在晚上十一时前离开客房。 Visitors are requested to leave guest room by 23：00. *在房间时请务必挂好安全链，若有客人来访，请在确认来客后再将安全链取下，打开房门。 While in your room, be sure to secure the door with the security bar. When someone comes to your door, check to see who it is before disengaging the bar and opening the door.	房卡 Room card 姓名 Name 房号 Room No. 房价 Room Rate（RMB） 抵店日期 Arrival Date 离店日期 Departure Date 宾客签名 Guest Signature 阁下出示此小册子，在酒店内的消费可签单。 To be presented when signing the bills. 欢迎光临 Welcome

图 2-8　房卡

三、入住登记的相关证件

1．中国内地宾客有效证件

中国内地宾客有效证件包括中华人民共和国居民身份证、临时身份证、中国护照、军官证、警官证、文职干部证、军警老干部离休荣誉证、一次性住宿有效凭证等。

2．境外宾客有效证件

（1）港澳居民来往内地通行证

港澳居民来往内地通行证（图 2-9），由中华人民共和国广东省公安厅签发，

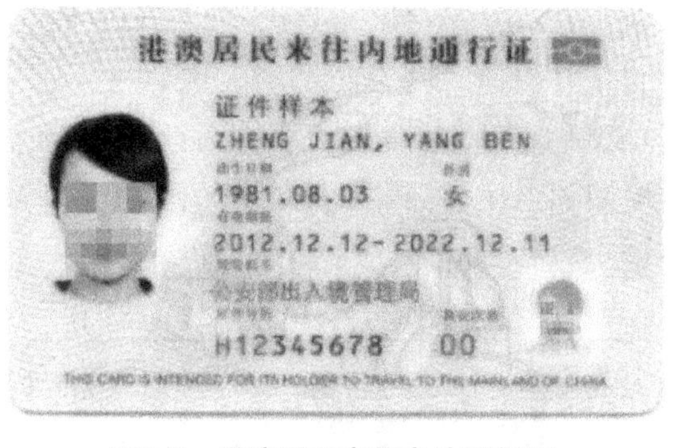

图 2-9　港澳居民来往内地通行证

是具有中华人民共和国国籍的香港特别行政区居民及澳门特别行政区居民来往中国内地所用的证件。该证于 1999 年启用，其前身是俗称“回乡证”的“港澳同胞回乡证”。通行证为卡式证件，证件号码共 11 位。第 1 位为字母，“H”字头签发给香港居民，“M”字头签发给澳门居民；第 2 位至第 9 位为数字，该 8 位数字为通行证持有人的终身号码；第 10 位至第 11 位为换证次数，首次发证为 00，此后依次递增。通行证有效期分为 3 年有效和 10 年有效两种，年满 18 周岁的为 10 年有效，未满 18 周岁的为 3 年有效。

（2）台湾居民来往大陆通行证

台湾居民来往大陆通行证（图 2-10）是台湾居民来往大陆的旅行证件，由公安部出入境管理局授权的公安机关签发或委托在香港和澳门特别行政区的有关机构代为办理。该证有两种：一种为 5 年有效，另一种为一次入出境有效。它实行逐次签证，签证分一次往返有效和多次往返有效。

（3）中华人民共和国旅行证

中华人民共和国旅行证（图 2-11）是护照的代用证件，是我驻外使、领馆颁发给不便于发给护照的境外中国公民回国使用的一种证件。它分一年一次入出境有效和两年多次入出境有效两种。

图 2-10　台湾居民来往大陆通行证

图 2-11　中华人民共和国旅行证

(4) 中华人民共和国入出境通行证

中华人民共和国入出境通行证（图 2-12）主要有两种颁发情况：一是为未持有我国有效护照或证件的华侨、我国港澳地区居民入出境我国国（边）境而颁发；二是为回国探亲旅游的华侨、我国港澳地区居民因证照过期或遗失而补发。它由公安机关出入境管理部门签发，分一次有效和多次有效两种。

图 2-12 中华人民共和国入出境通行证

(5) 护照

护照（Passport）是一个国家的公民出入本国国境和到国外旅行或居留时，由本国发给的一种证明该公民国籍和身份的合法证件。所以，护照是外国人办理入住登记手续时持有的证件。

拓展视野

护照的识别

护照有以下几种识别方法：

(1) 国籍的识别。目前世界上大多数国家的护照或其他代用护照上都印有由发照国本国文字和国际上通用的文字（英文）标明的国籍。但也有一些国家只用本国文字标明国籍，遇到这种情况，可以按照护照封皮上的国徽图案或国家标志来识别。

部分客源国护照号码规律：

① 美国护照：9 位阿拉伯数字。

② 日本护照：在 7 位号码前有两个英文字母。

③ 法国护照：前两位是数字，中间是两个英文字母，最后为5位数字。

④ 新加坡护照：护照号码前是大写“S”，中间7位数字，最后有一位英文字母。

⑤ 马来西亚护照：英文字母“K”字打头，加7位数字。

（2）护照有效期的识别。护照有时效限制，并在有效期内发生效力。护照期满前，持照人应根据本国有关的法律规定，到政府授权机关更换新护照或申办护照延期，否则护照会自然失效，不再具有原效力。

护照有效期的表述方法一般有以下几种：在护照有效期一栏写明有效期，这是最常见的；在护照有效期一栏注明自签发之日起若干年有效；在护照的使用说明中规定自签发之日起若干年有效；规定在一些特定的条件下有效；护照内未注明有效期限的，视为永久有效。

（3）护照真伪的识别。注意识别护照样式、图案、颜色，注意护照内各项内容和发照机关签署印章的情况，查看是否有伪造和涂改痕迹。查看护照上的照片及对自然特征的记载是否与持照人相符，照片上加盖的骑缝印章有无可疑之处。

任务二　入住接待

任务目标

1. 掌握普通散客的入住接待程序。
2. 熟悉团队入住接待程序。
3. 了解商务楼层客人和VIP的入住接待程序。

案例导入

Monica是某酒店的前厅接待员，借助其敏锐的观察力和良好的记忆力，以及为客人提供细心周到的服务，给客人留下了深刻的印象。一次，一位常住的外国客人从酒店外面回来，当他走到前台时，还没等他开口，Monica就主动微笑着把钥匙递上并轻声称呼他的名字，这位客人大为吃惊。由于酒店对他留有印象，使他产生一种强烈的亲切感，有一种宾至如归之感。另外还有一次，一位VIP客人随陪同人员来到前台登记，Monica通过接机人员的暗示，得悉其身份，马上称呼

客人的名字，并递上打印好的登记卡请他签字，使客人感到自己的地位不同，由于受到超凡的尊重而感到格外得开心。

任务布置

1. 通过多种途径调查了解酒店入住接待不同客人的流程。
2. 分组在课堂模拟散客入住接待的程序，教师和其他同学点评。

任务分析

在整个前台接待工作中，入住登记是对客接待服务全过程中的一个必要的、关键的环节，同时入住登记的过程也是客人同酒店间建立入住契约正式法律关系的开始。

关键词

VIP

VIP 是“Very Important Person”的简称。它是酒店给予在政治、经济，以及社会各领域有一定成就、影响和号召力的人士的荣誉，是酒店完善标准的接待规格服务对象和酒店优质服务体系的集中体现。

商务楼层

商务楼层，也叫行政楼层（Executive Floor）。该楼层用以专门接待从事商务活动的客人，其接待员一般归前厅部管辖。商务楼层提供的是贵宾式服务，楼层内单独设有接待处、自助餐厅、酒吧、小型会议室、阅览室、商务中心、小型健身房等服务与设施，为入住该楼层的客人提供从预订到抵店接待、入住服务、离店结账等一条龙的服务。所以，商务楼层又称为酒店的“店中之店”。

相关知识

一、普通散客入住接待程序

（一）查看客人有无订房

接待员应首先识别前来入住的客人有无预订。这一步骤的具体做法如下：当客人来到总台时，接待员应面带微笑，主动问候客人，若知道客人的姓名、职位等，应用姓名或头衔等称呼客人，使其倍感亲切与尊重。然后询问客人有无预订，如果客人已办理了订房手续，应请客人出示有效证件，根据姓名迅速查找其订房资料，并复述核对客人的订房要求。如果客人持有订房凭证，接待员应先将订房凭证的副本留下，作为向代理机构结算的凭证。对于已付定金的客人，接待员应再次向客人确认所收到的订金数额。

（二）查看酒店有无空房

对于未经预订而直接抵店的客人，接待员应询问客人的住宿要求，如房型、住店天数、房间数量等，然后查看房态，判断能否满足客人要求。若能提供客人要求的客房，则应填写住宿登记表；若暂不能满足客人的要求，则可向客人推销其他房型，设法使客人入住本酒店；若确实无法满足客人的要求，则可为客人联系邻近酒店，耐心帮助客人，以塑造酒店在客人心目中的良好形象。

（三）填写临时住宿登记表

1．前台管理系统自动填写

随着计算机系统、酒店前台管理系统软件和居民身份证信息识别系统的不断升级，目前，大多数酒店对于临时住宿登记表的填写都是采取系统自动填写并打印的形式。也就是说，只需将宾客的第二代居民身份证放置在与计算机和酒店前台管理系统软件同时连接的读卡器上，宾客的姓名、性别、家庭住址等身份信息就会自动填入软件中的表格里。接待员再在表格中输入房号和所付押金，直接打印表格后，只需由宾客签名，这样，一张由临时住宿登记表和押金单合二为一的表格就完成了。这种操作既保证了宾客信息的准确性，又提高了前台的工作效率。

2．手工填写

对于手工填写临时住宿登记表的酒店，接待员应在保证质量的前提下，尽其所能地为客人缩短办理入住登记手续的时间，以提高效率。对于已办理预订手续的散客，酒店在客人预订时已掌握了部分资料信息，所以，在客人抵店前可将相关内容输入计算机内，形成预先登记。当客人抵店后，就可根据其姓名迅速查找到该客人的预先登记表，核实证件后，请客人在预先登记表上签名；对于已预订的贵宾及常客，由于酒店掌握的信息较全面，所以对客人抵店前的准备工作可做得更充分、更具体。接待员可根据客人预订单和客史档案的内容，提前准备好登记表、房卡、钥匙卡，并装入信封，客人抵店后，只需签名确认即可入住客房；对于团队客人，接待员可以依据排房名单和接待要求提前安排好客房，并准备好钥匙卡、登记表、酒店宣传促销册及餐券等，一并交给陪同人员；对于未办理预

订的抵店客人，应请他们填写空白登记表，并尽量帮助客人填写。

（四）核对有效证件

有礼貌地请客人出示有效证件，并核对。

（五）安排房间，确认房价

核对好客人的有效证件后，应根据客人的数量和要求，为其选择相应类型的客房。若客人预订时已安排好房间，则应按预订的房号出租给客人。为客人安排好房间后，接待员还应在酒店规定的价格范围内为客人确认房价。若客人预订时已商定好房价，则应遵守预订时的房价，不能随意更改。

（六）确定付款方式，收取押金

住宿登记表中，有“付款方式”这一项，从酒店角度来看，确定付款方式可以确保酒店的利益，防止客人逃账；从客人角度来看，确定付款方式可以使住客享受住宿期间消费一次性结账的方便和办理离店结账手续的高效性。宾客常用的付款方式有现金支付、信用卡支付、转账支付等。

1. 现金支付

对于酒店来说，客人用现金支付风险小，利于周转。客人入住酒店时首先要交纳一定数额的预付金，预付金的额度一般为房价的两倍。

2. 信用卡支付

如果客人用信用卡结账，接待员应首先辨明客人所持的信用卡是否属中国银行规定的、可在我国使用且本酒店接受的信用卡；其次，核实住客是否为持卡人，接着检查信用卡的有效期及信用卡的完好程度；然后，使用信用卡压印机，将客人的信用卡信息影印到适当的签购单上；最后，将信用卡交还客人。

3. 转账支付

客人如要以转账方式结账，这一要求一般在订房时就会向酒店提出，并经酒店有关负责人批准后方可进行。如果客人在办理入住登记手续时才提出以转账方式结账，酒店通常不予采纳。

酒店为了表示对一些熟客、贵宾、公司客等的友好和信任，通常会给予他们免交押金的方便。

（七）发放房卡

接待员发放房卡时必须一人一张，并请客人在房卡上签名，告知其房卡的用途。如果酒店为客人提供免费的餐券、洗衣券、宣传品等，此时应同房卡、钥匙一并交给住客。同时，注意有无客人的邮件和留言，如有，也应在这时一并转交客人；还要提醒住客在酒店前台接待处有免费的贵重物品保管服务，并祝愿客人入住愉快。

（八）引领客人进房

客人在前台办理好入住登记手续后，接待员应安排行李员引领客人进房。如无行李员，则应将房号告诉客人，并指明电梯的位置。有的酒店为了表示对客人的重视，还要求接待员在客人进房 10 分钟后，打电话到房间征询客人的意见和要求。

（九）将有关信息输入计算机

将住宿登记表中宾客的相关信息输入计算机，同时在计算机系统中为客人建立散客账户。如果酒店计算机联网，对客服务的其他部门也可得到客人的有关信息，从而更快捷地为客人提供各类服务。

整个入住接待程序见图 2-13。

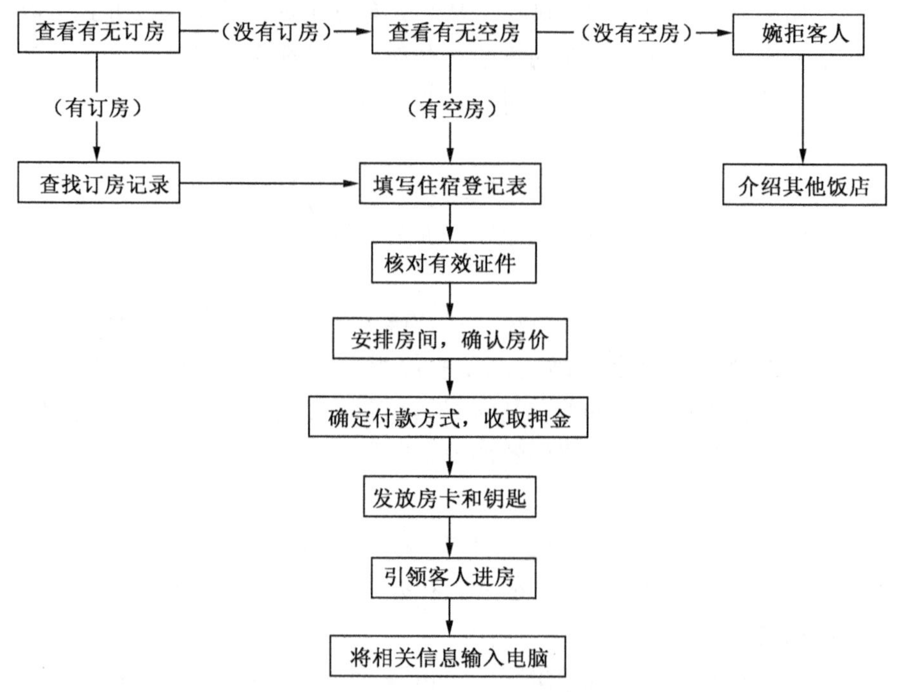

图 2-13　普通散客入住接待程序

二、团体入住接待程序

团体客人用房较多，是酒店的重要资源，一般事先都进行了预订。在一些大型酒店中，团体接待与散客接待是分开的，团体入住接待通常由团体接待员负责。团体入住的接待程序如下：

（一）团体入住准备工作

（1）根据团体订房要求，查看房态、安排客房、打印团体用房分配表。

（2）团体用房分配表送至礼宾部、总机房、客房部、餐饮部等部门，让这些部门也做好准备工作和配合工作，如提供行李服务、叫早服务，进行客房清扫、团队餐准备等。

（3）准备好“团队人员住宿登记表”和团体客人的信封。信封上应标有房号，信封内应有客房钥匙卡、房卡及酒店促销品等。团体客人的房卡一般都不能签单，房卡姓名栏可填写团号，房价栏可填写“合同价”。

（二）团体入住接待工作

（1）团体客人到达后，一般由团体接待员迎接。如果团队人数较多或是重要团队，可由大堂副经理或酒店相关部门经理迎接。

（2）弄清团体名称，找出订房资料，确认总人数、客人房间数、司陪房间数。

（3）请团体陪同人员，如导游、领队或会议组织人员，协助团体客人填写住宿登记表。团体人员住宿登记表的填写可以是客人抵店后临时填写的，也可以在团体客人抵店前，由接待员协助陪同人员把相关内容事先填好。

（4）接待员协助陪同人员分配客房，并分发房间钥匙卡、房卡。

（5）接待员与陪同人员确认叫早时间、出行李时间、用餐时间、离店时间等。

（6）掌握付款方式。团体订房单上会标明付款方式，是现付还是转账。如果是现付，则应收取押金。如果是转账，则应明确转自何单位，是旅行接待社还是组团社。若转自组团社，团体账单应由全陪签名确认；若转自接待社，团体账单应由地陪签名确认。

（7）将标明房号的团体客名单交给行李员，便于分发行李和收行李。

（8）将团体入住的相关信息输入计算机系统，其他部门也同时获得团体客人信息。

三、VIP 入住接待程序

（一）接待 VIP 客人的准备工作

（1）填写 VIP 申请单，上报相关领导审批认可。

（2）VIP 房的分配力求选择同类客房中方位、景致、环境、房间保养等方面处于最佳状态的客房。

（3）VIP 客人到达酒店前，应检查客房情况，包括清洁卫生、设施设备完好、免费用品的添置、鲜花或水果等赠品的摆放等。

（二）办理入店手续

（1）准确掌握当天预抵 VIP 客人的姓名。

（2）通常由大堂副经理或酒店更高层领导接待，以客人姓氏加上“先生”或“小姐”称呼客人。

（3）VIP 客人可免交押金，甚至免收房费。

（4）将客人送至房间，并向客人介绍酒店和房间的设施设备。

（三）信息储存

（1）复核有关 VIP 客人的资料，并准确输入计算机。

（2）在计算机中注明哪些客人是 VIP 客人，以提示其他部门或员工注意。

（3）为 VIP 客人建立客史档案，并注明身份，以便作为日后预订和查询的参考资料。

四、商务楼层入住接待程序

（一）鲜花、水果服务

（1）依据确认的抵店客人名单准备好总经理欢迎卡、商务行政楼层欢迎卡。

（2）将需要补充鲜花、水果的房间在住店客人名单上做好标记。

（3）将鲜花、水果、刀叉和餐巾备好，装上手推车送入客房，并按规定位置摆放好。

（4）做好记录，根据次日预抵店名单填写申请单，以备用。

（二）客人入住接待

（1）客人在大堂副经理或客务关系主任（GR）陪同下走出电梯来到商务楼层服务台后，行政楼层经理或主管微笑站立迎客并自我介绍，请客人在接待台前坐下。

（2）将已准备好的登记表取出，请客人签名确认。注意检查并确认客人护照、付款方式、离店日期与时间等内容。

（3）将已准备好的欢迎信及印有客人姓名的烫金私人信封呈交给客人，并递送欢迎茶，整个服务过程不超过 5 分钟。

（4）主动介绍商务楼层的设施与服务项目，包括早餐时间、下午茶时间、鸡尾酒时间、图书报刊赠阅、会议室租用服务、商务中心服务、免费熨衣服务、委托代办及擦鞋服务等。

（5）走在客人左前方或右前方引领客人进房间；告诉客人如何使用钥匙卡，同时将欢迎卡交给客人；介绍房内设施，预祝客人居住愉快。

（6）通知礼宾部行李员，10 分钟内将行李送至客人房间。

（三）欢迎茶服务

客人登记入住时，接待员为客人提供欢迎茶。

（1）事先准备茶壶、带垫碟的茶杯、一盘干果或巧克力糖果饼干和两块热毛巾。

（2）称呼客人的姓名，表示问候并介绍自己；同时，将热毛巾和茶水送到客人面前。

（3）如果客人是回头客，应欢迎客人再次光临。

（四）早餐服务

（1）称呼客人姓名并礼貌地招呼客人；引领客人至餐桌前，为客人拉椅子、让座；将口布打开并递给客人；礼貌地询问客人是用茶还是咖啡。

（2）礼貌地询问客人在结账处结账还是将账单送至收银台。

（3）客人用完餐离开时，应称呼客人姓名并礼貌地告别。

（4）统计早餐用餐人数，做好收尾工作；配合客房部服务员做好场地清理工作。

（五）下午茶服务

商务楼层免费下午茶服务时间为每天 16：00—17：00。

（1）提前 10 分钟按要求准备好下午茶台，包括茶、饮料和小点心等。

（2）微笑、主动地招呼客人；引领客人至餐台前，为客人拉椅、让座、并询问房号，请客人随意饮用。

（3）注意观察，客人杯中饮料不足 1/3 时，要及时询问、续添，将用过的杯盘及时撤走。

（4）在 17：00 下午茶结束 5 分钟前，通知客人免费服务即将结束。

（5）客人离开时应向其表示感谢，并与客人道别。

（6）填写记录表，如客人消费超过了免费时间，将费用记在客人账户上，账单由客人签字。

（六）鸡尾酒会服务

商务楼层每天 18：30—19：30 为客人提供免费鸡尾酒服务。

（1）提前 10 分钟做好全部准备工作，在桌上放置服务员名片。

（2）微笑、礼貌地招呼客人，引台，为客人拉椅子、让座。

（3）客人离开时应向其表示感谢，并与客人道别。

（4）将客人朋友的消费账单记入客人账目中。

（5）填写记录表，下班前应统计酒水，在盘点表上做好记录并根据标准库存填写申领单。

（七）退房结账服务

商务楼层的客人大多享受酒店提供的快速结账离店服务，在商务楼层服务台和房间内均可办理结账服务。

（1）提前一天确认客人结账日期和时间。

（2）询问客人结账的相关事宜，如在何地结账、用何种付款方式、行李数量、是否代订交通工具，并及时检查酒水。

（3）将装有客人账单明细的信封交给客人；请客人在账单上签字，将第一联呈交客人；询问客人结账方式，如果付外币，请客人到前厅外币兑换处办理，如需刷卡，则使用刷卡机。

（4）通知行李员取行李，代订出租车。

（5）询问是否需要做“返回预订”。

（6）感谢客人入住并与之告别。

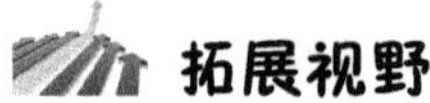

拓展视野

商务楼层服务

现代高档豪华酒店一般都设有商务楼层，也叫行政楼层（Executive Floor），专门接待商务客人等高消费群体，为客人提供优质服务。该楼层提供有别于普通客房楼层的贵宾式服务，因此，被人们誉为“酒店中的豪华酒店”。酒店的商务楼层是为满足许多对服务标准要求高，并希望有一个良好商务活动环境的客人所特别设置的楼层。它拥有自己的小型总服务台，客人可在此办理入住和离店手续，宽敞华丽的休息室可供客人会客、洽谈及阅览报刊。客人还可以在此享用美味的早餐和茶点、鸡尾酒。房间豪华舒适，并专门为商务客人设置了办公台。完备的委托代办服务为客人解决文秘、通信及交通方面的问题。每一位入住商务楼层的客人都将受到贵宾般的接待，高贵优雅的环境及细致快捷的服务，为商务客人在生意上的成功和生活上的享受都创造了极佳的条件。

商务楼层的管理是一套相对独立运转的接待服务系统，在行政管理上通常隶属于前厅部，在人员素质和服务内容上，均有不同于总台的特殊要求。

一、硬件设施要求

商务楼层的客房样式、大小与普通客房存在一定的差异，它所提供的日用品及商务楼层的客房室内装潢应力求高档。现代商务楼层不仅是追求“豪华”，它还需与电子技术和计算机设备紧密联系起来。

(1) 提供商务设备设施。如留言信箱、信息网络、视听设备、电话答录设备，以及复印、传真、打印等设备。楼层上的商务中心服务功能要齐全、环境要好、服务时间要长。

(2) 提供各种先进的会议设施。入住商务楼层的客人可能有各种会议需求，如研讨会、论坛、讲座、培训、会谈等，因此商务楼层应设置大小不同的会议场所并配备相应的设施设备，如要求会场有各种信源接口，具有同声传译系统、电子投票系统、多媒体咨询系统、声像播放系统和电子显示系统。

(3) 对客房设备设施的要求。商务楼层应尽可能为客人提供宽敞的活动空间，客房的照明应达到便于工作的足够亮度，办公桌要宽大。由于手提笔记本电脑的流行，桌面高度开始降低，以方便操作。有些酒店的办公桌极大，上面放置了传真机和打印机，配有调制解调器，并安装了更多的插座。马里奥特在集团属下的工作客房内设计了可伸缩的写字台，座椅是可调节高度的靠背旋椅，床头柜成为集空调、电视、灯光到窗帘启闭于一体的电子控制中心，客房内安放有两张大的双人床。

二、服务要求

入住商务楼层的客人除希望得到一般宾客“家外之家”的享受外，更希望得到“公司外之公司”的服务。这些商务客人要求酒店提供其公司从事公务活动所需要的服务，如管理服务、经纪服务、信息服务、文秘服务、交通服务、休闲服务和保健服务等。他们欢迎专门的早餐和酒吧；要求有适当的洽谈公务的场所，齐全的娱乐健身设施，如健身房、网球场、游泳池、桑拿浴等；要求房间内提供更多的文具，有保险柜、供会客用的额外的椅子等。他们对传真、电话、计算机、打字、复印、秘书等商务服务有很高的要求，还希望酒店提供快捷方便的通信手段。他们对价格和付款方式往往不太注重；对叫醒服务、邮件传递服务、洗熨服务等较其他客人有更多的要求。

(1) 人员的专业素质和特殊素质要求。在商务楼层从事接待服务的管理人员及服务人员，要求在形体、形象、气质、知识、技能及外语等方面条件突出，均受过严格、系统的专业培训。他们在熟练掌握了前台预订、接待、结算等技能的同时，还应掌握商务中心、餐饮方面的服务技能和技巧，尤其应善于与宾客交往、沟通，能够圆满地处理客务关系，合作与协调性强。

(2) 个性化的“私人管家”服务。商务客人之所以优先选择商务楼层，设施及环境的舒适条件固然是重要因素，但他们最为看重的是商务楼层所提供的细致入微、个性化的“私人管家”服务。

① 与客人“一见如故”。要求商务楼层的接待服务人员只要见过客人一次，第二次再见面时就可以称呼客人的姓名和头衔，客人由此产生被重视和被特别关照的心理满足感与荣誉感。

② 对客人体贴入微。商务楼层的接待服务人员对每一位在此下榻的客人都要做详尽的客史档案记录，记录下客人的喜好、偏好，使客人每次下榻时都会惊喜地看到按自己的习惯和喜好的方式布置的房间，甚至连所喜爱的某种品牌或特殊规格的物品都已经放在熟悉的位置。因此，商务楼层的房价虽然大大高出普通客房的房价，但是却不断吸引着众多的回头客及商务客人。

③ 提供特殊服务。价格昂贵的商务楼层实行了许多特殊的服务，如“单独入住登记”，即客人进入酒店，穿过大堂，直奔电梯，可直接到商务楼层特有的单独总台，不用按传统的方式排队办理入住手续，并且设有客人专用座椅，客人可边办手续边休息，酒店往往也为客人提供免费的酒水和饮料，以供客人在长途旅行之后消除疲倦和解渴。这里的服务员都是经过专门训练的高级职员，外语娴熟，谈吐优雅，而且反应敏捷。能享受到个性化服务是商务楼层客人的普遍要求，酒店应根据所收集的客人详细资料，尽可能地提供针对性服务，达到高水准的服务。对于入住商务楼层的客人，酒店应通过网上信息平台获取客人的兴趣与偏好，针对客人的个性需求和自身能力重新整合酒店产品，全面提升服务和管理水平，充分体现酒店与顾客共同设计产品的特色，客人在自己参与“设计”的酒店里，会得到最大限度的满足。

任务三　客房销售

任务目标

1. 掌握客房销售技巧。
2. 熟悉前厅销售内容和要求。
3. 了解客房报价的方法。

案例导入

巧妙推销豪华客房

某天，南京金陵酒店前厅部的客房预订员小王接到一位美国客人从上海打来

的长途电话，想预订两间每天收费在120美元左右的标准双人客房，三天以后开始住店。小王马上翻阅了一下订房记录表，回答客人说由于三天以后酒店要接待一个大型国际会议的多名代表，标准间客房已经全部订满。小王讲到这里并未就此把电话挂断，而是继续用关心的口吻说："您是否可以推迟两天来，要不然请您直接打电话与南京××酒店去联系询问如何？"美国客人说："我们对南京人地生疏，你们酒店比较有名气，还是希望你给想想办法。"

小王暗自思量以后，感到应该尽量不使客人失望，于是接着用商量的口吻说："感谢您对我们酒店的信任，我们非常希望能够接待像您这样尊贵的客人，请不要着急，我很乐意为您效劳。我建议您和朋友准时前来南京，先住两天我们酒店内的豪华套房，每套每天收费280美元，在套房内可以眺望紫金山的优美景色，室内有红木家具和古玩摆饰，提供的服务也是上乘的，相信你们住了以后会满意的。"

小王讲到这里故意停顿一下，以便等客人的回话，对方沉默了一会儿，似乎在犹豫，于是小王开口说："我料想您并不会单纯计较房价的高低，而是在考虑这种套房是否物有所值。请问您什么时候乘哪班火车来南京？我们可以派车到车站来接，到店以后我一定陪您和您的朋友一行亲自去参观一下套房，到时再决定不迟。"美国客人听小王这么讲，倒有些感到情面难却了，最后终于答应先预订两天豪华套房。

任务布置

1. 以小组为单位找三家不同星级酒店的前厅接待员进行访谈，了解他们如何向客人推销客房及酒店产品的。

2. 两人一组，分别扮演客人和前厅接待员，演示向客人推销酒店客房及其他产品的过程。

任务分析

前厅部销售业务的重要性及意义可以从酒店收入主要依靠销售客房产品中看出，从这种意义上可以说总台接待员的主要任务就是销售客房。为了在激烈的市场竞争中求得生存和发展，酒店的经营者都会努力制定正确的价格政策，使其物有所值，并努力用更好的服务和设施来留住客人。

关键词

销售技巧

把握客户的需求，挖掘客户的开发潜力，卖出产品，从而使客户得到产品的实惠。

相关知识

一、前厅销售内容

（一）酒店的地理位置

一般情况下，除度假区酒店外，位于市中心、交通便利的酒店，其房价要比位于市郊或地理位置不理想的酒店房价高一些，竞争力也要强一些。酒店所处的地理位置是影响房价的一个重要因素，也是影响客人选择入住酒店的重要因素。客人一般都会考虑酒店所处区域的交通便利程度、周围环境等，所以前厅部接待人员应充分利用现有的地理位置进行积极的推销。

（二）酒店的形象和氛围

酒店良好的形象主要包括酒店的品牌、信誉、口碑、独特的经营风格、优质的服务等。酒店的氛围是客人对酒店的一种感受。前厅部地处酒店最显眼的位置，又是使客人产生第一印象和最后印象的部门，其创造的氛围十分重要。文化氛围浓郁的酒店给客人一种高品位的感受；古色古香的民族风格的酒店建筑，配以不同格调的艺术品，再辅之相协调的传统服饰打扮的员工，将对外宾产生特殊的吸引力。因此，前厅部人员应努力销售其独具特色的酒店形象和氛围。

（三）酒店的设施设备

酒店的设施设备是酒店存在的必要条件，也是酒店星级评定的基础，更是酒店接待能力的反映。各项服务设施设备应尽可能让宾客感到实用、方便，并处于良好的运行状态。前厅部接待人员应娴熟了解酒店所拥有的设施设备并做好相关的销售工作，例如推销为商务客人配备的各项设施设备、各具特色的客房、各类康乐设施设备等。

（四）酒店的无形服务

优质、高效的服务是酒店所售产品中最为重要的部分。酒店所提供的无形服务包括服务人员的仪容仪表、礼节礼貌、职业道德、服务态度、服务技能、服务程序、服务效率、服务效果等。销售酒店客房时除考虑酒店的硬件设施设备以

外，还应推销其各类服务项目、服务特色。作为与客人接触最广的前厅部接待人员，更应努力提高自身的服务意识、技能，给客人留下美好的印象。尤其是当客人提出临时的、合理的特殊服务要求时，应千方百计地满足，突出酒店的人性化、个性化服务。

二、前厅销售要求

（一）掌握本酒店的基本情况

掌握本酒店的基本情况，是做好客房销售工作的先决条件，尤其是对客房这一酒店的主要产品需做全面的了解，如各类房间的价格、朝向、功能、特色、所处的楼层、设施设备的情况等。除了掌握客房的基本情况外，还要掌握整个酒店的基本情况，包括酒店的装饰和布置的风格、酒店的等级与类型、酒店的服务设施与服务项目、酒店产品的价格及相关的规定等。接待员只有对这些内容了如指掌，推销起来才能得心应手，随时答复客人可能提出的各种问题，从而有助于推销成功。

（二）熟悉竞争对手的产品状况

客人面对的是一大批与本酒店档次、价格、服务相类似的酒店企业，要想在销售中取胜，就要找出自己酒店区别于其他酒店的特色和优势，并着重加以宣传，这样才能引起客人的兴趣和注意。所以接待人员在深入了解和掌握本酒店产品情况的基础上，更要熟悉竞争对手的相关情况。

（三）了解不同宾客的心理需求

酒店推销客房的接待员必须要深入了解每一位客人最需要的是什么，最感兴趣的是什么。酒店的每一种产品都有多种附加利益存在，例如：对于一个靠近电梯口的房间，有的客人会认为不安静，而有的客人则会认为进出很方便。所以应把握好客人的购买目的和购买动机，帮助客人解决好各类问题，满足其物质和精神的需要。这样，在客人受益的同时，酒店也会得到相应的回报。

（四）表现出良好的职业素质

客人初到一个酒店，对这家酒店不甚了解，他对酒店产品质量的判断可能是从前厅员工的仪表仪容和言谈举止开始的。所以前厅是给客人留下第一印象的地方，是酒店的门面。前厅部员工，特别是前台接待员必须以热诚的态度、礼貌的语言、优雅的举止、快捷规范的服务接待好每一位客人。这是前厅工作人员成功销售的基础。前厅员工在推销客房、接待客人时，还必须注意语言艺术。前台接待员可以多使用描述性的语句，努力使自己的报价合情合理，让客人感到该产品确实物有所值，甚至物超所值。

三、客房销售程序

（一）了解客人

前厅接待员在销售客房时，应把握客人的需求特点，采取人性化、个性化的销售方法，充分了解酒店目标市场的客人类型及其需求，并有效利用已建立的客史档案资料。因此，前厅接待员应加强日常观察、注意积累，把握各种类型客人的特点，从而做好针对性的客房销售工作。

（二）介绍客房

前厅接待员在把握客人不同特点的基础上，应向客人介绍酒店的各类客房，要注意察言观色，并能生动描述房间的特色。例如，套房强调设施功能多、有气派；内景房强调清静，给人以惬意的感受；邻近电梯或通道的客房则说明其进出方便等。当然，要准确地介绍客房，必须先熟悉客房的特点，这也是对前厅接待员最基本的要求之一。接待员平时应注重工作的积累，如参观不同种类的客房，以加深印象等。若客人仍有疑虑，前厅接待员就可将事先准备好的客房宣传册、图片等直观资料展现给客人；必要时，可带领客人实地参观不同类型的客房，再辅以热情礼貌的介绍，客人大都会做出合理的选择。

（三）洽谈价格

前厅接待员在对客房特点给予恰当的描述之后，应有技巧地与客人洽谈价格，并要让客人接受酒店所销售客房的价格。此时，接待员的任务是引导、帮助客人选择客房，应注意避免过度推销或急于报出价格，而是要选择时机将价格报出来，让客人主动接受。在察觉到客人对所推销的客房发生兴趣时，接待员应促成销售的成功，并对客人的选择表示赞赏，同时为客人尽快办理入住登记手续。

四、客房报价方法

前厅部在销售客房时，如何进行科学有效的报价包含着业务知识、推销技巧、语言艺术等多项内容。酒店客房报价是酒店工作人员运用口头描述引起客人购买欲望，借以扩大销售量的一种推销方法。在实际推销工作中，非常讲究报价的针对性，只有同时采取不同的报价方法，才能达到销售的最佳效果。因此，学习并掌握客房销售的报价方法，是做好酒店推销工作的一项基本功。

（一）从高到低报价

从高到低报价法是首先向客人报出酒店的最高房价，让客人了解酒店最高房价房间所拥有的宜人环境和设施设备。客人对此不感兴趣时，再转向销售价格较低的客房。这种报价法是针对讲究身份、地位的客人设计的。在报价时要善于用

描述性的语言，介绍适合客人的高价房的高档设施设备和优质服务，给客人带来的高级享受，促使客人做出购买决策。当然，所报价格要相对合理，不宜过高。此类报价的指导原则是努力把客房产品的特征转化为客人的利益需要，积极推销高档客房，而不是突出高价格。

（二）从低到高报价

从低到高报价法即先报最低价格，然后逐渐报高价格。这是为对价格敏感的客人设计的客房销售的报价方法。不少人认为，这种报价方法会使酒店失去获取更高利润的机会，这种可能性是存在的，但不可否认的是，它也往往会给酒店带来更广阔的客源市场。因为，在客源市场中有许多寻找低价客房的潜在客人，这些客人在比较不同酒店的价格之后，一旦发现该酒店报价较低，就可能转向该酒店购买。

（三）交叉排列报价

交叉排列报价法是接待员将酒店所有现行的客房价格按一定排列顺序提供给客人，即先报最低房价，再报最高房价，最后报中间档次的房价。这种报价方法可以使客人有选择各种价格的机会。同时，就酒店而言，既坚持了明码标价，又体现了商业道德；既方便了客人在整个房价体系中进行自由选择，又增加了酒店出租高价客房、从而获取更多利润的机会。

五、客房销售技巧

（一）强调客人受益

接待员要将价格转化为能给客人带来的益处和满足，对客人进行启迪和引导，促成其购买行为。因为客人对产品价值和品质的认识程度不一样，相同的价格，有些客人认为合理，而有些客人则感到难以承受。例如，当接待员遇到一位因房价偏高而犹豫不决的客人时，可以这样介绍："这类客房的床垫、枕头具有保健功能，可以让您在充分休息的同时，得到预防疾病的功效。"而另一位接待员可以这样推销："这类客房价格听起来高了一点，但它配有冲浪浴设备，您不想体验一下吗?"强调客人受益，增强了客人对产品价值的理解程度，从而提高了客人愿意支付的价格限度。

（二）替客人下决心

许多客人并不清楚自己需要什么样的房间，在这种情况下，接待人员要认真观察客人的表情，设法了解客人的真实意图、特点和喜好，然后有针对性地向客人介绍各类客房的特点，帮助其做出选择。假若客人仍未明确表态，接待员可以运用语言和行为来促使客人下决心进行购买。例如，递上入住登记表说"这样吧，您先登记一下……”或“要不您先住下，如果您感到不满意，明天我们再给您换房”等；也可以在征得客人同意的情况下，陪同客人实地参观几种不同类型的客房，让客人对酒店客房产品有感性认识，当他们亲自看了客房设施后，可能会迅速做出住宿的决定。即使客人不在这里住宿，他们也会对这家酒店的热情服务留下印象，可能会推荐给亲友或下次来投宿。这样，既消除了客人可能的疑虑，也展示了酒店的信誉及管理的灵活性。

（三）进行房价分解

酒店为获得更多的营业收入，通常都要求接待员先推销高价客房。而价格作为最具敏感性的因素之一，有时客人一听到总台的报价，就可能被吓退，拒绝购买。此时就要将价格进行分解，以隐藏其昂贵性。例如：某类型客房的价格是450元，报价时可将其中的50元自助早餐费从房价中分解出来，告诉客人实际房价是400元；假如房费包含洗衣费或健身费等其他项目，同样也可进行价格分解。这样，客人心目中高价的概念就会被大大弱化。所以，采用价格分解法推销，更易打动客人、促成交易。

（四）使用第三者意见

当客人选择房间犹豫不决时，或有放弃住宿本酒店的想法时，前台服务人员可适时使用第三者意见来促成尽早成交。这种技巧常用于买卖双方各自为了维持自己的看法相持不下的时候。“第三者”可以是某一位顾客、某一位旁观者或是另一位服务员，也可以是某一件事、某一种现象或是某一个统计数字等。但这个“第三者”必须是对做出决定有一定影响作用者，否则会适得其反。例如，第三者可以说“我住过这种房间，确实不错”“许多客人都非常喜欢这种房间”，等等。

（五）推荐高档客房和其他服务与设施

在客房销售中可以向客人推荐适合其地位的较高价格的客房。根据消费心理学，客人常常接受服务员首先推荐的房间，如客人不接受，再推荐价格低一档次的客房，并介绍其优点。这样由高到低，逐层介绍，直到客人做出满意的选择。这种方法适合于向未经预订而直接抵店的客人推销客房，从而最大限度地提高高价客房的销售量和客房整体经济效益。

在宣传推销客房的同时，还应推销酒店的其他服务设施和服务项目，如餐饮、康乐、商务等，以使客人感到酒店产品的综合性和完整性，同时还可增加酒店的营业收入。例如，客人深夜抵店，可以向客人介绍24小时营业的酒吧或房内送餐服务；如果客人带着小孩来店，可以向客人推荐酒店的托管服务等。

（六）选择适当的报价方式

报房价时，不能只报金额，而不介绍房间的设施和特色。不同的报价方式，

适用于不同类型的房间推销，主要有以下三种报价方式：

（1）“冲击式”报价。即先报出房间价格，再介绍房间所提供的服务设施和服务项目等。这种报价方式适合推销价格比较低的房间，以低价打动客人。

（2）“鱼尾式”报价。先介绍房间所提供的服务设施和服务项目及客房的特点，最后报出房价，突出产品质量，减弱价格对客人购买的影响。这种报价方式适合推销高档客房。

（3）“夹心式”报价。这种报价方式是将价格置于所提供的服务项目中，以减弱直观价格的分量，增加客人购买的可能性。这种报价方式适合于中、高档客房，可以针对消费水平高、有一定地位和声望的客人。

六、排房的顺序

预先排房是指酒店根据客人的住宿要求及酒店房态，提前为预抵客人安排房间。通常情况下酒店会为团队客人、酒店 VIP 和对房间有特殊要求的散客进行预先排房。预先排房一方面可以兑现酒店在条件允许的情况下尽量满足客人需求的承诺；另一方面也保障了接待工作顺利、高效地进行。

前台接待员在进行预先排房前须对酒店客房和宾客需求进行充分了解。同一类型房间处在不同楼层、不同朝向、不同位置时会存在极大差异。“相邻房”“连通房”这两类非常相似的房间可能对客人需求而言是天壤之别的。因此，前台接待员应根据客人需求认真筛选，为客人安排恰当的房间。

（一）预先排房的时间

（1）对于酒店贵宾（VIP），酒店通常在客人入住前一两天由前台经理或主管预先安排房间，以便告知客人或提前进行房间布置。

（2）对于大型或重要团队，酒店通常提前半天由前台夜班员工预先排房。

（3）对指定房间或有特殊要求的散客，酒店通常根据客人预抵时间，提前半天由前台早班员工进行排房。

（4）在淡季或房间不紧张的情况下，酒店通常无须预先排房。

（二）预先排房的顺序

（1）团体客人。由于团队用房量大，注意采用相对集中的排房原则，避免团队和散客、团队和团队之间相互干扰。

（2）酒店贵宾（VIP）和常客。提前安排好，并及时通知给有关部门。

（3）已付订金保证的预订客人。

（4）要求延期离店的客人。

（5）普通预订客人，并有准确的航班号或抵达时间。

（6）无预订散客。

（7）不可靠的预订客人。

（三）预先排房的技巧

（1）对到店时间较早的客人（早上10：00前），前台夜班员工应提前安排已清理的空房。

（2）优先安排要去相邻房或连通房的客人。

（3）团队客人应集中排房，尽量将同一团队的客人安排在同一楼层或相近楼层。

（4）对于酒店常客，优先考虑安排其入住习惯的房间。

（5）对于腿脚不便的客人、老年人应尽量安排靠近电梯的房间。

（6）在条件允许的情况下，应尽量满足客人的要求；如果确实不能满足，也应安排条件相近或相似的房间。

（7）不能将有宗教信仰冲突的客人、来自敌对国家或地区的客人安排在同一楼层。

（8）排房时注意客人对数字的忌讳，尽量避免安排西方客人入住带有数字“13”的楼层和房号，尽量避免安排港澳台客人入住带有数字“4”和“14”的楼层和房号。

拓展视野

推销语言技巧

一、加法

比如：客人向你咨询，他的喜宴席单上还应配点什么菜。这时可以采用语言的加法：“这桌席只有凤没有龙，如果加上一只龙虾就“龙凤呈祥”了。”又如新婚蜜月客人预订客房，在咨询时，你可以这样说：“你们如果入住我们饭店浪漫的蜜月套房，那此次的蜜月之旅就更圆满了。”

二、减法

比如：“不到长城非好汉，不吃烤鸭真遗憾”，到北京不吃烤鸭真会是一种遗憾。到泰国曼谷如果不入住一次××酒店，将错过全球最佳的酒店服务。

三、乘法

比如有人问：“你们酒店房间怎么这么贵，要2388元一晚？”“我们酒店耗资20亿英镑打造，位于本地新的商业中心，也是本地最著名的地标建筑。

2388 元除了享受世界一流的酒店服务外，还能享受位于198米高处的全球独一无二的屋顶游泳池，全市美景一览无遗。这是在任何其他国家、任何地区、任何酒店都无法体验到的，堪称一绝。”

四、除法

比如客人问：“这份香辣蟹怎么这么贵？”可以这样回答：“这是两斤重的海蟹，8个人吃，每个人才十几块钱，不贵！”

五、借用他人之口法

可以借用具有一定身份的消费者的话来证明和推销酒店的产品。比如可以说：“国际影星张某某最喜欢吃这个菜，他说这是他最近吃过的最好的菜”，“某集团董事长王先生每次来重庆，都会入住我们酒店的。”这样的言语可以增加可信度，把产品推销出去。

任务四　处理入住问题

任务目标

1. 掌握卖重房的处理方法。
2. 熟悉宾客押金不足情况的处理方法。
3. 了解入住期间其他常见问题的处理。

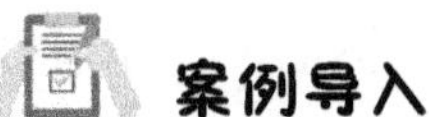

案例导入

房间被人住了

凌晨一时许，张先生从外面应酬回来，拖着疲惫的身躯，打开328的房门，心想终于可以好好休息了。将灯打开，他猛然间发现床上赫然躺着一个熟睡的陌生人，而对方也被突如其来的灯光给吓醒了，看到有人半夜进来，大呼：“你是谁？怎么三更半夜地跑到我的房间里来了？”无辜的张先生以为自己真走错了房间，便拿着房卡来到总台。经服务员读卡确认后，确是328的房卡，此时出于职业敏感，服务员已经察觉到可能是上一班人员卖重房了，赶紧向张先生道歉，并急忙给客人重新安排了一间房间。没过几分钟，被惊醒的328房间的客人打来电话，怒吼道：“你们怎么搞的，怎么让陌生人进我的房间，房费我不付了，让你们老总马上向我道歉。”说完便“啪”的一声挂了电话。这样难以收拾的场面，服务员小英还是第一次碰到，这么晚了，只能请示值班经理。经过值班经理的再三道歉，并答应客人免掉今天的房费，客人的怒气才算平息。

后经调查，原来是中午房间比较紧张，张先生拿走的328房是属于脏房入住，但中班接待员小刘忙乱中忘记通知房务中心及时修改328房的房态。此外，张先生拿走房卡就出去应酬了，未进入328房间，所以楼层服务员在查房时也未能发现任何疑点，导致二次卖房的发生。事后，接待员小刘依照酒店规定受到了处罚。

任务分析

卖重房事件，属于前厅接待中的高压线，前台接待员小刘负有不可推卸的责任。也警示我们，前台服务不仅要讲求高效率，更要讲求细致、细心。

相关知识

一、卖重房

卖重房（Double Check-in），简单地说，就是把同一间客房重复出售给不同的客人。有时由于工作疏忽，接待处将客房已售出，但房态未能及时更改过来，导致该房间被重新销售；有时由于未能与客房部保持及时的信息沟通而无法掌握最新的楼层实际房态，也会导致卖重房。

卖重房会给该客房的原住客和新住客都带来不悦，会给服务带来较大的负面影响，所以酒店应充分重视这个问题，特别是以手工操作为主的酒店。为了有效预防这种错误，行李员带新入住的客人进房前，应先敲门，如果发现客房内有住客，应马上向双方客人致歉，然后请新入住客人在楼层稍候，电话报告接待处；接待处核实情况后，应马上找出一间相近楼层的同类型客房，填写和制作新的房卡与钥匙，安排另一行李员送上楼层，并收回原来的房卡与钥匙。

二、换房

客人办理入住登记手续后，对客房的位置、朝向、大小、设备使用情况等方面有了较为清楚的了解，在此情况下有的客人会觉得房间不够理想。这时，客人就会向前台提出换房要求，酒店应尽可能满足客人的要求。

酒店有时也会由于自身的原因要求换房。如客房设备损坏，维修需较长时间，酒店会主动为客人换房；住客超过原计划住店天数续住，而事先其他指定预

订该房的客人又快要入住时，酒店也可能要求原住客换房。

在了解换房原因后，接待员应查看房态状况，看是否有和客人原住房档次相同的客房。如果换房后房间档次提高了，是客人方面原因要求换房的，则要加收房费；是酒店方面原因的就不需要，但要对给客人带来的不便表示歉意。然后填写换房单(图 2-14)，由行李员分发至相关部门，做好协调工作。如客房部应检查并清扫原住房；礼宾部应提供换房时的行李服务；电话总机应更改住客资料，方便电话转接和留言的处理等。若酒店使用前台管理系统软件，则可直接在计算机系统里修改，不用填写并分发换房单，其他各接待部门也能在同一个系统中看到各房间的房态变化。

换　房　单
ROOM CHANGE LIST

宾客姓名
Guest Name ____________________

房号　由　　　　　　变更为
Room No.　From ____________ To ____________

房租　由　　　　　　变更为
Room Rate　From ____________ To ____________

日期　　　　　　　　时间
Date　　　　　　　　Time

分送　Distribution
☐ 前　台　Front Desk　　☐ 客房部　Housekeeping
☐ 礼宾部　Concierge　　☐ 总机房　Switchboard
☐ 洗衣场　Laundry

接待员
Receptionist ____________

图 2-14　换房单

三、加床

一个标准间，正常情况下只能住两个成年人；如要住三个成年人，则须加床。客人加床大致分两种情况：一是客人在办理登记手续时要求加床，二是客人在住宿期间要求加床。酒店要按规定为加床客人办理入住登记手续，并为其签发房卡，房卡中的房费为加床费，加床费将转至住客付款账单上。如果客人在住宿期间要求加床，第三个客人在办理入住登记手续时，入住登记表需由支付房费的住客签名确认。

四、押金不足

酒店客源复杂，客人付款方式多样，酒店坏账、漏账、逃账的可能性始终存在。客人在办理入住登记手续时，如果表示用现金支付费用，酒店为了维护自身的利益，常要求客人预付一定数量的押金，结账时多退少补，特别是首次住店的客人、无行李的客人及以往信用不良的客人。押金的数额一般为房费的两倍，主要是为方便客人在餐厅等部门的签单消费、使用房间内长途电话、饮用房间内小酒吧的酒水、洗衣费签单等，也是作为客人使用房间内设备、设施的押金，如果拿走或损坏客房的用品则需照价赔偿。

五、提前离店

在目前大多数酒店已实现计算机内部联网的情况下，客人提前离店无须额外关注。前厅接待员只要根据酒店退房系统给客人办理离店退房手续，收回房卡和钥匙，更改离店日期即可。同时，客房部应尽快清扫客房，以便前台销售。

六、续住

接到客人续住要求后，要问清客人的姓名、房号、续住时间，然后查看当日和近期的客房预订情况，核实客人续住是否会导致超额预订。在酒店旺季期间，更要特别注意这个问题。接着请客人重新缴纳押金，收回原有的房卡和钥匙，发放新的房卡和钥匙。最后还应更改计算机系统中客人的离店日期，并通知客房部楼层客人的续住情况。

项目三　宾客住店服务

任务一　宾客迎送

任务目标

1. 了解迎送礼仪。
2. 了解酒店代表和迎宾员的主要工作内容和职责范围。
3. 能提供迎送服务。

案例导入

“女士优先”的重要性

在一个秋高气爽的日子里，迎宾员小贺身着一身剪裁得体的新制服，第一次独立地走上了迎宾员的岗位。一辆白色高级轿车向酒店驶来，司机熟练而准确地将车停靠在酒店豪华大转门的屋檐下。小贺看到后排坐着两位男士，前排副驾驶座上坐着一位身材较高的外国女宾。小贺上前一步，以优雅的姿态和职业性动作，先为后排客人打开车门，做好护顶姿势，并目视客人，礼貌亲切地问候，动作麻利而规范，一气呵成。

关好车门后，小贺迅速走向前门，准备以同样的礼仪迎接那位女宾下车，但那位女宾满脸不悦，使他茫然不知所措。

通常后排座为上座，一般身份尊贵者皆在此就座。优先为重要客人提供服务是酒店服务程序的常规，可是小贺却忽视了很重要的一点：尊重妇女是一种社会公德。在西方国家流行这样一句俗语：“女士优先。”在社交场合或公共场所，男子应经常为女士着想，主动照顾、帮助女士。如：人们在上车时，总要让妇女先行；下车时，则要为妇女先打开车门；进出大门时，主动帮助她们开门、关门等。西方人有一种形象的说法：“除女士的小手提包，男士可帮助女士做任何事情。”

迎宾员小贺未能按照国际通行做法先打开女宾的车门，致使那位外国女宾不悦。

任务布置

1. 以小组为单位调研一两家酒店的礼宾组，观摩迎宾员的服务过程，了解其工作内容和职责范围。

2. 每组撰写调研报告，用 PPT 形式汇报。

任务分析

礼宾服务英文名称是“Bell Service”（大厅服务）或“Concierge”（礼宾服务）。礼宾服务岗位是酒店为了体现其档次和服务水准而设置的部门，下设迎宾员、酒店代表、行李员委托代办等岗位，为顾客提供热情周到、人性化的礼宾服务。每一位礼宾工作人员既要有高度的责任感，又要熟悉各方面的业务。

关键词

酒店代表

酒店代表（Hotel Representative）又称机场代表。酒店代表代表酒店在机场、车站、码头等主要出入境口岸迎接客人，提供有效的接送服务，及时向客人推销酒店产品，是酒店整体服务的向外延伸及扩展，也是酒店对外的宣传窗口，给客人留下对酒店服务的最初印象。

迎宾员

迎宾员（Doorman）又叫门童，是指站在酒店大门口负责开启车门，迎送宾客的酒店服务员。迎宾员是酒店的门面，通常他们身材高大，身着制服，头戴礼帽，彬彬有礼。

相关知识

一、酒店代表迎送宾客服务

（一）准备工作

酒店代表应定时从预订处取得需要接站的客人名单，掌握客人的姓名、所乘的航班（车次）、到达的时间、车辆要求及接待规格等情况。酒店代表应根据预

订航班、车次或船次时间提前做好接站准备，写好接站的告示牌，安排好车辆，整理好仪容仪表，提前半小时至一小时到站等候。

（二）迎接客人

酒店代表应注意客人所乘航班、车（船）次到达时间的变动，若有延误或取消，应及时通知酒店前台；站立在显眼位置举牌等候，主动问好，介绍自己，代表酒店欢迎客人；根据预抵店客人名单予以确认；帮助客人搬运行李并确认行李件数，挂好行李牌，引领客人前往接站车前。另外，随时掌握客房使用信息，准确掌握各种交通工具的到站时间；对无预订的散客，主动同客人联系，介绍酒店的产品和服务，推销客房。

（三）送客上车

酒店代表应将客人送到开车地点，引导客人上车，协助客人将行李装上车，然后向客人道别，开车时站在车前右方 2 米左右，微笑并挥手向客人道别。如果需要随车同行，在行车途中，可以根据具体情况，或简要介绍酒店服务项目内容和当地风貌，或陪同客人聊天，或放音乐让客人放松。将客人接到酒店后，引领客人到前台办理入住手续，并询问客人是否需要提供离店服务。VIP 客人接站到店后，请大堂副理为客人办理入住登记手续。

（四）通知酒店客人抵店信息

酒店代表应电话通知大厅值班台客人到店的有关信息，如客人姓名、乘车号、离开车站的时间、用房有无变化等。若没有接到 VIP 客人或指定要接的客人，应立即与酒店接待处取得联系，查找客人是否已乘车抵达酒店。返回酒店后，要立即与前台确认客人具体情况并弄清楚事实及原因，向主管汇报清楚，并在接站登记簿上和交班簿上写明。

（五）送别客人

酒店代表应准确掌握需送站客人的离店时间，以及所乘交通工具的航班、车（船）次和离站时间；主动安排好车辆，提前在酒店门口恭候客人；按时将客人送到机场、车站或码头，主动热情地向客人道别，并祝客人一路平安，使客人有亲切感、惜别感。

二、酒店门厅迎送服务

（一）服务准备

门童（迎宾员）上岗前应整理好个人仪容仪表，调整好工作心态，精神饱满地进入良好的工作状态；还应配备对讲机、白手套、笔、记事簿、零钱袋等物品，提前半小时到岗交接工作。门童（迎宾员）应站立在酒店大厅一侧，面朝大门前方；站立时，挺胸抬头，左手握右手，手腕放于小腹区域，脚后跟并拢，两脚分开约45°，或两手背于身后，两脚张开与肩齐；眼睛平视前方，用眼角的余光注意周边动态，随时提供服务，面部表情自然。

（二）问候

客人进出酒店时，门童（迎宾员）应向客人表示问候。迎接客人时，通常说“您好！欢迎光临”；送别客人时，通常说“谢谢光临！请慢走”；若是酒店常客，则应带上客人的姓氏，如“您好，×先生（小姐/女士）！欢迎光临”。现在很多酒店在问候客人时一般没有固定的问候语，反而强调带有个性化和针对性的问候。比如对连住的旅游者，其外出时，可问候“您好，×先生（小姐/女士）！祝您愉快”；对商务客人，则可问候“您好，×先生（小姐/女士）！祝您工作顺利”，或是在客人外出时给予一些温馨的提示。

对客人进行问候时，门童（迎宾员）应声音洪亮，面带微笑，注视宾客眼眉三角区域，最好以姓氏称呼！宾客进店时，做好手臂手心斜朝上的“请”的手势。若酒店前厅大门为闭合的玻璃门，客人进出时，还应提前为客人推门。

（三）开车门服务

当宾客乘车抵达或离开酒店时，门童（迎宾员）应为宾客开车门、护顶（佛教徒、伊斯兰教徒则不用，但需提醒“当心碰头”）。为客人开车门时，门童（迎宾员）应站在所开车门的铰链位置，侧身朝向车门，用远离车门的那只手拉开车门，靠近车门的手为客人护顶，并问候客人“您请”或“您好！欢迎光临”或“请慢走”。

若宾客分别在车的前后门上（下）车，两位门童需同时将车门开启、护顶；若有三位宾客要上（下）车，一位门童（迎宾员）将同一侧的两个车门同时打开，不需护顶，但要提醒“当心碰头”；另一位门童（迎宾员）则须小跑到另一侧打开车门、护顶。若有两辆或以上的车到店，两位门童（迎宾员）则一人负责一辆车，必要时呼叫礼宾部派附近岗位增援。门童（迎宾员）在一人负责一辆车时，应按照服务对象的国籍、礼仪规范要求确定服务的先后顺序及方式。当宾客乘车离店时，需向宾客行恭送礼（15°～30°的鞠躬）。

（四）出租车服务

若宾客需要安排出租车离店，门童（迎宾员）有义务协助安排。门童（迎宾员）可以通过联系出租车公司叫车，或到邻近酒店的公路上为客人叫车，或以其他方式为客人预约出租车或叫车。出租车到达后，记录好车牌号，然后告知宾客，并提醒宾客物品不要落在车内，开车门、护顶，行恭送礼。

若客人是乘出租车抵达酒店，门童（迎宾员）应为客人开车门、护顶，协

助行李员卸下行李，提醒客人带齐随身物品或行李，并应快速记录车牌号，备注好客人信息及抵达时间，以防宾客遗落物品在车内。

（五）雨天服务

雨伞架

如遇雨天，门童（迎宾员）当班时应准备好租借专用雨伞、伞套、“小心地滑”牌。宾客进店携带湿的雨伞，门童（迎宾员）必须将雨伞套好，并且向宾客做好解释工作，不寄存宾客雨伞。

以下几种情况可以向客人提供雨伞租借服务：

（1）对住店客人，原则上免费提供租借服务。宾客必须出示房卡，门童（迎宾员）在雨伞租借卡上做好相关记录，包括日期、房号、数量等，最后客人签名确认。还伞时只需要宾客报出房号，核对数量，检查有无损毁后，在雨伞租借本上进行注销。

（2）对非住店客人，原则上不享受雨伞租借服务；若要借出，必须收取相应的押金，还伞后便可退还其押金，收回押金联。

（3）对于VIP客人、常住客、酒店行政管理层等，可以免掉以上借伞程序，直接借出，但必须在雨伞租借本上记录。

提供雨伞租借服务时要注意，借出的雨伞必须要为完好的雨伞，有破损、使用不方便的雨伞一律不外借。每个班次交接时必须将雨伞外借总数和押金总数交接清楚。门童（迎宾员）每天进行服务时，还应注意地面积水。若地面积水较多，应及时联系保洁部门进行清理，以防地滑影响到宾客的行动和自身行走。宾客未打伞到店时，要及时为宾客打伞迎接宾客归来。

（五）问询服务

作为酒店的形象、窗口岗位，门童（迎宾员）应随时保持热情友好、乐于助人的状态，及时响应宾客的合理需求。这就要求门童（迎宾员）必须熟悉酒店产品知识，各营业场所的营业时间、价格等；熟悉酒店周边的环境，包括高档的商场、特产店、道路信息、交通信息、参观团、休闲娱乐场所；熟悉本地著名的旅游景点及交通线路等，做好城市的“活地图”；不断丰富自己的知识，以便更好地应对客人的问询，为客人提供个性化的服务。

拓展视野

贵宾的迎送服务

酒店贵宾的迎送服务多种多样，有大堂经理迎送的，有总经理迎送的，有铺红地毯的，有组织欢迎和欢送队伍的，还有敲锣打鼓迎送的。但无论谁迎送，迎宾员始终服务在第一线。在贵宾迎送中，迎宾员应提供规范的服务，切忌喧宾夺主。在迎接贵宾时，有如下要求：

（1）迎宾员应根据客房预订处发出的接待通知，做好充分准备；

（2）根据需要，负责升降来访贵宾国家的国旗；

（3）负责维护大门口秩序，协助做好安全保卫工作；

（4）正确引导、疏通车辆，确保大门前交通畅通；

（5）讲究服务规格，并准确使用贵宾的姓氏或头衔向其问候致意。

对贵宾的送别，切忌虎头蛇尾，即不能出现贵宾进店时热烈欢迎、离店时悄无声息的现象。贵宾住店期间，大堂经理、销售经理或总台服务员应保持与接待人员的联系，问清贵宾的离店时间，然后通知总经理；需要组织欢送队伍的应提前通知各部门，以便做好准备。

任务二　行李服务

任务目标

1. 掌握行李服务的相关技能。
2. 能提供行李运送服务。

案例导入

客人行李被错拿

某天上午，上海某五星级酒店大堂，各国客人熙熙攘攘。一位新加坡客人提着旅行箱走出电梯准备离店，实习生小徐见行李员都在忙着为其他客人服务，便热情地迎上前去，帮新加坡客人提起旅行箱往大门走去。快到行李服务台时，他发现电梯口又有离店客人出来需要帮助，就把行李提到行李服务台处放下，返回电梯口为其他客人服务。

这时，又有一批日本客人离店，他们的行李放在新加坡客人旅行箱旁，由于陪同疏忽，既未指定服务员照看行李，又没有拿行李牌注明，就去收款处结账，因此，当日本客人离店时，就把那位新加坡客人的旅行箱一起带走了。当新加坡客人在为寻找自己的行李急得团团转时，离他要乘坐的赴苏州的火车开车时间只有55分钟了。

面对这突如其来的紧急情况，大堂副经理当即安慰客人，请客人放心，一定设法找回失物，不误班车，并马上向酒店有关方面了解日本团队的去向；得知他们乘火车离沪去杭州，便当机立断派小徐随新加坡客人一起乘坐酒店的轿车去火车站找寻日本客人，结果不到半小时，就在候车室找到了日本客人。新加坡客人找回了失而复得的旅行箱，转忧为喜，连声道谢。

任务布置

1. 通过图书馆、网络等途径，收集行李服务相关资料。
2. 分小组讨论行李服务的内容。
3. 以小组为单位，总结出行李寄存的程序及注意事项。

任务分析

行李服务工作由前厅部专设的行李处承担。行李处在大门入口处的内侧，既易于被客人发现，又便于行李服务员观察客人抵离店的情况，以及与前台的入住接待和收银处联系。行李处主管指挥、调度行李服务工作。每天一早，行李处主管要认真阅读和分析由预订处和接待处送来的“当日抵店客人名单”及“当日离店客人名单”，掌握进出店的客流量，以便安排人力；特别要掌握重要客人和团体客人抵离酒店的情况，做好充分的准备。

关键词

行李员

行李员（Bell Men）是指为客人提供接运和寄存行李、收发报刊信件、留言找人和传真件的送达及办理小件维修等项服务的前厅服务员。

关键词

行李牌

行李牌（Luggage Tag）是在行李运送过程中拴在行李上用于识别行李的小卡片，分上、下两联，号码相同；上联拴在行李上，下联交给宾客。主要内容有日期、房号、行李件数、经手人姓名等。

相关知识

一、散客行李服务

（一）散客行李抵店服务

1. 出门迎接

散客乘车抵店时，行李员应主动上前迎接，向客人表示欢迎，帮助客人卸下行李，并请客人清点过目，准确无误后再帮客人提携；但对于易碎物品和贵重物品不必主动提携，如客人需要帮助时，行李员应特别小心，注意轻拿轻放，以防丢失或破损。

2. 引领入店

行李员提着行李走在客人的侧前方，引领客人至前台接待处办理入住登记手续，如属大件行李，则需要行李车推送。到达前台后，行李员应放下行李，手背于身后直立站在客人侧后方 1.5 米处，等待客人办理入住登记。等候时不可左顾右盼，并随时听候前台接待员及客人的召唤。

对于入住行政楼层的客人，需引导客人至行政楼层办理入住手续，并帮助客人搬开并放好登记台前的座椅，请客人入座，然后退后 1.5 米，站立等候客人办完手续。

3. 领客入房

客人办完入住手续后，应主动上前从接待员手中接过房卡，引领客人进入客房。引领客人到达电梯门时，应放下行李，按电梯按钮。当电梯门打开时，用一只手扶住电梯门，请客人先进入电梯，然后进入电梯靠右侧站立并按楼层键。电梯到达后，请客人先出，行李员随后提行李跟出，继续引领客人到其所在房间。引领时走在客人侧前方两三步远，用右手指示方向，边走边向客人介绍酒店的设施和服务项目，到达楼层后介绍安全通道。

到达客房门口时，行李员先放下行李，按酒店既定程序敲门、开门，以免碰

到重复卖房的情况而给客人造成不便。房内无反应再用房卡开门。打开房门后，将房卡插入取电盒、开灯，然后请客人进入。

如果是几位客人同时入店，应在办理完手续后，请每位客人逐件确认行李，在行李牌上写清客人的房间号码，并礼貌地告诉客人在房间等候，然后迅速将行李送入房间。

4. 介绍客房

进房后，行李员将行李放在客房行李柜上，然后简要介绍房间设施、设备及使用方法。介绍时手势不能太多，时间不能太长，应控制在2分钟以内，以免给客人造成索取小费的误解。如果客人以前曾住过本店，则不必再介绍。房间介绍完毕，应征求客人是否还有吩咐；在客人无其他要求时，应礼貌地向客人道别，并祝客人在本店住得愉快。离开时，将房门轻轻拉上。

小资料：

客房介绍主要包括以下几个方面：

（1）如何使用电视收看各频道节目及酒店内提供的节目。

（2）电话使用方法，店内各主要服务部门的电话号码及空调、收音机、床头灯等电器设备的使用方法。

（3）告知客人写字桌上放有酒店介绍，以便客人更多地了解酒店服务信息。

（4）介绍客房小酒吧，并提醒客人注意放在酒吧上的价格表。

（5）介绍卫生间内设施，提醒客人注意电源的使用安全。

（6）向客人介绍店内的洗衣服务及电话号码。

5. 返回登记

离开房间后，行李员应迅速从员工通道返回礼宾部，填写“散客进店行李登记表”（图2-15）。

散客行李进店登记表

F. I. T. Check in Record

日期：
DATE：

房号 RM No.	行李员 Bell Man	进店时间 In Time	行李员回到大厅时间 Bell man Down Time	行李件数 Pieces		备注 Remarks
				大件 Big	小件 Small	

制表人：

图 2-15　散客行李进店登记表

（二）散客行李离店服务

1. 接收通知

当礼宾部接到客人离店搬运行李的通知时，要问清客人的房号、姓名、行李件数及搬运行李的时间，并决定是否要带上行李车，然后指派行李员按房号收取行李。

2. 收取行李

行李员应在 3 分钟之内到达客人房间，轻敲三下，并告知客人“行李服务”。在征得客人同意后可进入房间，并与客人核对行李件数，检查行李是否有破损情况；如有易碎物品，则应贴上易碎物品标志。

3. 助客离店

弄清客人是否直接离店，若客人需要行李寄存，则填写行李寄存单，并将其中的一联交给客人作为取物凭证，向客人道别，将行李送回行李房寄存保管。待客人来取行李时，核对并收回寄存单。

若客人需直接离店，装上行李后，应礼貌地请客人离开房客，主动为客人叫电梯，为客人提供电梯服务，引领客人到前厅收银处办理退房结账手续。客人离店时协助行李装车，向客人道别，并祝客人旅途愉快。

4. 返回登记

完成行李运送工作后，将行李车放回原处，填写“散客行李离店登记表”（图 2-16）。

散客行李离店登记表

F. I. T. Check out Record

日期：

DATE：

房号 RM No.	收取行李行李员 UP Bell MAN	收取行李时间 UP TIME	客人离店时间 DEPT TIME	送客离店行李员 OUT BELL MAN	是否结账 BILL PAID	行李存放卡号码 B/C No.	行李件数 PIECES	车号 CAR No.	备注 REMARKS

制表人：

图 2-16 散客行李离店登记表

二、团队行李服务

（一）团队行李抵店服务

团队客人的行李一般由单位从车站、码头、机场等地装车运抵酒店。而酒店行李员的工作是按团队名称清点行李件数，检查行李有无破损，做好交接手续，负责店内行李的运送与收取。

1．接收行李

团队行李到达时，行李员推出行李车，与行李押运员交接行李，清点行李件数，检查行李有无破损，然后双方按各项规定程序履行签收手续。如发现行李有破损或短缺，应由行李押运单位负责，请行李押运人员签字证明，并通知全陪及领队。如行李随团到达，则还应请领队或客人签字确认。

2．分检行李

清点无误后，立即在每件行李上贴上行李标签或系上行李牌。如果该团队行李不能及时分送，应在适当地点摆放整齐，用行李网将该团队所有的行李罩在一起，妥善保管。要注意将入店行李与出店行李，或是几个同时到店的团队行李分开摆放，以免出错。

3．行李送房

在装运行李之前，应再清点检查一次，无误后才能装车，走行李通道送行李上楼层。装运行李时应遵循“同团同车、同层同车、同侧同车”的原则。行李送到楼层后，按房号分送行李。

4. 记录存档

送完行李后，将每间客房的行李件数准确地登记在“团队行李进店登记表”（图 2-17）上，并按团队入住单上的时间存档。

团队行李进店登记表

Group Baggage In-coming Record

日期 DATE：________ 星期 DAY：________

团队名称 NAME OF THE GROUP ________ 团队人数 GROUP PAX ________

行李到达时间 ARR. TIME ________ 行李件数 PIECES ________

旅行社陪同 TRAVEL AGENT ________ 装车行李员 CARRIED BY ________

房间号 ROOM NO.	行李件数 PIECES	行李员 BELL MAN	房间号 ROOM NO.	行李件数 PIECES	行李员 BELL MAN

制表人：

图 2-17 团队行李进店登记表

（二）团队行李离店服务

1. 服务准备

根据团队客人入住登记表上的离店时间，做好收取行李的工作安排，带上该团队订单和已核对登记行李件数的记录表，领取行李车，到楼层搬运行李。

2. 收取行李

在规定的时间内依照团号、团名及房间号码到楼层收取客人放在房门口的行李，并做好记录。收取行李时，要为行李挂上标签内容一致的行李牌，以免同其他团队或其他客人的行李混淆。

行李员收取行李时，应从走廊的尽头开始，以免漏收和走回头路。如有客人的行李未放在门口，应通知该团陪同，并协助陪同通知客人把行李拿出房间，以

免耽误时间。对置于房间内的其他行李则不予运送。

3. 交接行李

将团队行李汇总到前厅，再次核对并严加看管，以防丢失；核对实数与记录相符，领队或陪同一起过目，并签字确认；与团队的行李押运员一起检查、清点行李，将行李罩好，并贴上表格；做好行李移交手续，特别要和领队核实该行李是否包含领队的行李。

4. 记录存档

行李完成交接后，由领班填写“团队行李出店登记表”（图 2-18）并存档。

团队行李出店登记表

Group Baggage Out - going Record

日期 DATE：　　星期 DAY：

团队名称
NAME OF THE GROUP

行李件数 PIECES　　团队人数 GROUP PAX　　团队标号 GROUP SIGN

行李员 HADDLE BY　　监督 SUPERVISED BY

旅行社陪同 TRAVEL AGENT　　礼宾部主管检查 ACKNOWLEDGED BY

收取行李时间 BAGGAGE COLLECTION　　出店时间 DEPT. TIME

结账处盖章 CASHIER' S SIGNATURE　　车号 CAR NO.

备注
REMARKS

房间号 ROOM NO.	行李件数 PIECES	行李员 BELL MEN	房间号 ROOM NO.	行李件数 PIECES	行李员 BELL MEN

制表人：

图 2-18　团队行李出店登记表

三、换房行李服务

（1）接到接待处的换房通知后，到接待处领取“换房通知单”，弄清客人的姓名、房号及换房后的房号。

（2）到客人原房间楼层，将“换房通知单”中的一联交给服务员，通知其查房。

（3）按进房程序经住客允许后再进入客房，请客人清点要搬的行李及其他物品，将行李装车。

（4）引领客人到新的房间，为其开门，将行李放好，必要时向客人介绍房内设备设施。

（5）收回客人原来的房卡及钥匙，交给客人新的房卡及钥匙。

（6）向客人道别，退出客房。

（7）将原房卡及钥匙交回接待处。

（8）做好换房工作记录。

四、行李寄存服务

由于各种原因，有的客人希望将一些行李暂时存放在礼宾部。礼宾部为方便客人存放行李、保证行李安全，应开辟专门的行李房，建立相应的制度，并规定必要的手续。行李寄存服务主要服务于酒店的住客，或是即将入住的客人，或是在酒店用餐的客人。

（一）对寄存行李的要求

（1）行李房不寄存现金、珠宝、玉器、金银首饰等贵重物品，以及护照、身份证等重要证件。对于该类物品应礼貌地请客人自行保管，或放到前厅收款处的保险箱内免费保管。已办理退房手续的客人如想使用保险箱，须经大堂经理批准。

（2）酒店及行李房不得寄存易燃、易爆、易腐烂、易碎及具有腐蚀性的物品，不得寄存违禁物品。

（3）不接受宠物寄存，一般酒店不接受带宠物的客人入住。

（4）提示客人行李上锁，对未上锁的小件行李须在客人面前用封条将行李封好。

（二）行李寄存流程

（1）礼貌接待。

（2）确认行李是否符合寄存要求。行李员应向客人询问所寄存行李内物品

的内容，确定是否符合寄存要求。还要询问客人是否有贵重物品在行李内，如果有，应提醒客人取出自行保管；若客人坚持存放，应告诉客人酒店对于贵重物品的丢失和损失不负任何责任，如果客人同意，请其在寄存单上签字确认。

（3）填写“行李寄存单”。填写“行李寄存单”（图2-19），并请客人签名，上联（酒店联）附挂在行李上，下联（顾客联）交给客人留存，并告知客人下联是领取行李的凭证。

行李寄存单

行李寄存单（酒店联）

存单号码：XXXXXXX

姓名 NAME： 日期 DATE： 房号 ROOM NO.：

行李件数 LUGGAGE： 时间 TIME：

客人签名 GUEST'S SIGNATURE：

行李员签名 BELLBOY'S SIGNATU

重要说明：贵重物品不能放入行李中寄存，客人须自行保管。若将贵重物品放入行李中，酒店对于贵重物品的丢失和损失不负任何责任。

行李寄存单（顾客联）

存单号码：XXXXXXX

姓名 NAME： 日期 DATE： 房号 ROOM NO.：

行李件数 LUGGAGE： 时间 TIME：

客人确认领取签名 GUEST'S SIGNATURE：

行李员签名日 BELL MEN'S SIGNATU：

图2-19 行李寄存单

五、常见问题处理

（一）行李破损

（1）在酒店签收前发现破损的行李，酒店不负任何责任，但必须在团体行李进店登记簿上登记。

（2）签收后，在运往客房的途中，或从客房送至酒店大门的途中行李破损，应由酒店负责；首先应尽力修复，如果实在无法修复，则应与导游或领队及客人协调赔偿事宜（赔钱或物）。

（二）团队的个别房间行李搞错

（1）向客人了解行李的大小、形状、颜色等特征，与陪同人员的最新排房表进行核对，检查是否有增房。如有，查对增加房间的行李，检查客人不在的房间，务必尽快将行李调整好；若没有，请陪同人员协助查找客人所在的房间，予以调整，做好记录。

（2）本批团体行李中多一件或几件行李，应把多余的行李存放在行李房中，同一批多余的行李应放在同一格内。用行李标签写一份简短的说明，注明到店时间及与哪个团体行李一起送来，然后等候旅行社来查找。如同批团体行李中少了一件或几件，应在签收单上加以说明，同时与旅行社取得联系，以便尽快追回。

（3）行李送错的处理。应把非本团行李挂上行李标签，做一个简短的说明后，存放于行李房的一格中，等候别的旅行团来换回行李，或通过旅行社联系换回行李事宜。

（三）行李丢失

（1）行李到店前丢失，由旅行社或行李押运人员负责；如果酒店押运的行李，是在去酒店的途中丢失的，酒店应负责任。但因客人尚未办理入住手续，还不是酒店的正式客人，酒店的赔偿责任，应轻于住店客人的行李丢失情况；已订房客人的行李，如果由酒店的行李员负责接送，在运往酒店的途中行李丢失，其处理方法同上。未订房客人的行李，酒店原则上不予运送，但可暂时看管（指在酒店大门口以外的范围）；如果客人再三要求，酒店人员可以答应为其运送或暂时看管行李，但必须再三声明，如果丢失酒店不负责任。

（2）客人到达酒店后，在办理入住登记手续前，或办理退房手续之后丢失的行李，酒店原则上不必赔偿。因为未入住或已离店的客人，不是酒店的正式客人，酒店没有义务负责其行李的安全。但为了酒店的长远利益，遇到此类情况，酒店也可以酌情适量予以赔偿。

（3）已寄存的行李丢失，酒店应予以赔偿，但赔偿应设一个限额。

（四）多位客人需要提供行李服务

（1）行李员请客人先办理入住登记手续；手续办完后，请每位客人逐件确认行李。

（2）迅速在行李牌上写清客人的房间号，请客人在房间等候。

（3）迅速将行李送入客人房间。

（五）客人早到，暂无房间

（1）行李员首先应询问接待员何时能为客人安排房间。

（2）若所需时间较长，则行李员首先请客人在大堂吧休息或请客人有事的话先办事情，建议客人先将行李寄存，待客人入住后再送行李。

（3）办理客人行李寄存时必须在行李牌上注明“入店未知房号”字样，行

李员要时刻关注该客人的入住情况，以便及时将行李送到客人的房间。

（4）若所需时间较短，则应将行李放在行李台旁代客人保管，并注明“入店”字样，待客人房间安排好后再送入房间。

（六）行李上没有名字，无法标上房号

（1）先清点行李件数，集中在大堂指定位置，请团队陪同人员核对行李，通知客人前来认领。

（2）待客人前来认领后，主动帮客人将行李送进房间。

（3）做好记录，以备查核。

拓展视野

酒店行李车

一、行李车辆的使用

（1）酒店在运送贵宾行李时才使用铜制行李车。为了保持铜制行李车的光亮，行李员应戴干净的手套操作铜制行李车。

（2）行李车不仅要用手推，而且使用中还要保持万向轮在后、固定轮在前。

（3）停放行李车时，为避免行李车滑动，应用木块挡住前轮。

二、行李车辆的保养

一般的铝合金行李车只需每天用半干的抹布擦拭即可；铜制行李车需要用专门的擦铜水擦拭，擦铜水是化学物品，因此行李员在擦拭时要戴上手套。

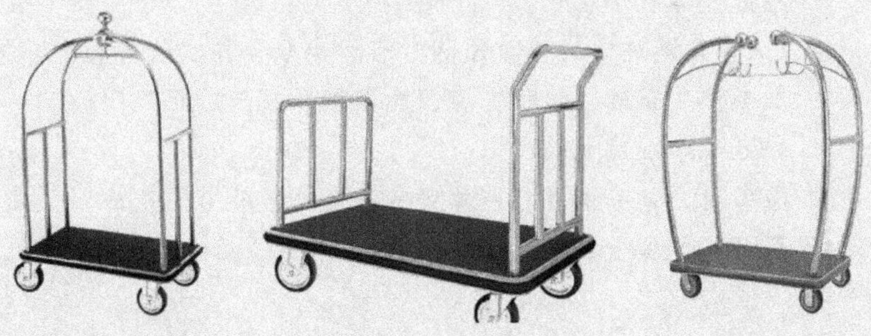

三、行李保管安全知识

（1）行李到店时，行李员要核准行李件数，检查行李外观有无破损，逐项填写登记表，与有关人员核实并签收，按规定或商定的时间及时将行李物品送到客房或指定地点。

(2) 行李员应将行李放入房间或交给宾客，不得随意摆放在房门口；暂时存放在大厅或行李库房内的行李应加盖网罩，或用绳索连接，挂好行李卡，并安排专人看管。

(3) 客人离店时，行李员应按要求及时将房间行李集中并核准件数，检查行李外观有无破损，与宾客或陪同人员再次确认并签收。

(4) 宾客办理寄存行李物品时，行李员要事先向客人说明酒店不收存易燃易爆等违禁品，然后按规定办理相关手续。

(5) 行李库房内严禁吸烟，客人的物品应按规定码放整齐，短期寄存与长期寄存的行李要分开摆放。

(6) 各班次交接班时应当面点清核准。

(7) 行李库房内不得堆放员工的私人物品，不得使用电炉、电取暖器、电熨斗等电器。

(8) 其他员工进入时，应由行李员陪同。

实训练习

一、分组以角色扮演的方式模拟散客抵店行李服务和散客离店行李服务。

要求：1. 站位正确，服务及时、规范；

2. 服务流程正确，过程完整，表单填写规范、正确；

3. 服务时，口头语言与肢体语言符合礼貌礼节规范；

4. 服务能体现个性化。

二、分组以角色扮演的方式模拟团队抵店行李服务和团队离店行李服务。

要求：1. 服务流程正确，过程完整，表单填写规范、正确；

2. 分送行李准确无误；

3. 服务时，口头语言与肢体语言符合礼貌礼节规范；

4. 服务能体现个性化。

任务三 委托代办

任务目标

1. 了解委托代办的内容。
2. 了解“金钥匙”的发展史。

案例导入

代办业务没有办

王先生是某公司进出口部的项目经理，因业务需要，欲把一包物品转交给下榻A酒店的美国客商查尔斯先生。征得礼宾部Y小姐同意后，王先生将物品放在了礼宾部，并再三嘱托一定要尽快将物品转交给查尔斯先生，因为查尔斯先生第二天就要退房去上海。Y小姐微笑着点头答应了，接着立即打电话至查尔斯先生的房间，不巧的是，客人此时不在房间。Y小姐一直没有忘记此事，在接下来的几个小时内，她连续几次打电话至客人房间，但客人一直至晚上十点都未回酒店，于是Y小姐只得先忙于接待其他客人。

第二天早上八点半，王先生打电话去这家酒店，询问物品是否已转交到客人手上，得到的答复是物品仍在礼宾部，但客人已在七点半退房离开了。于是王先生在电话里勃然大怒，声称酒店这样的服务已影响了他的大笔生意，责问礼宾部小姐为什么不给客人留言，要求酒店对此事件做出一个明确解释，并给他满意的答复。

[**分析**] 在酒店的礼宾部完成委托代办服务过程中，经常会碰到上述类似问题。Y小姐虽然态度很好，也曾努力与客人联系，但却忽视了重要的一点：没有给查尔斯先生留言，也没有在交接班本上向其他同事就此事进行交接，导致发生此类不快，直接影响了酒店的服务质量。

任务布置

1. 学生以小组为单位调研本地区酒店中“金钥匙”的成员数量。
2. 调研“金钥匙”的工作内容和标准要求，并采访其中的“金钥匙”成员。
3. 按组完成调研报告，并制作PPT进行课堂汇报。

任务分析

“金钥匙”是一种“委托代办”（Concierge）的服务概念。“Concierge”一词最早起源于法国，指古代酒店的守门人，负责迎来送往和保管酒店的钥匙。但随着酒店业的发展，其工作范围在不断扩大，在现代酒店业中，“Concierge”已成为为客人提供全方位“一条龙”服务的岗位。只要不违反道德和法律，任何事情“Concierge”都尽力办到，以满足客人的要求，其代表人物就是他们的首领“金钥匙”，他们见多识广、经验丰富、谦虚热情、彬彬有礼、善解人意。

“金钥匙”服装上面别着形似金钥匙的徽章，这是委托代办的国际组织——“国际酒店金钥匙组织联合会”会员的标志，它象征着“Concierge”就如同万能的“金钥匙”一般，可以为客人解决一切难题。“金钥匙”尽管不是无所不能，但一定要做到竭尽所能，这就是“金钥匙”的服务哲学。

关键词

礼宾部

礼宾部（Concierge）主要为客人提供迎送服务、行李服务和各种委托代办服务，故在一些酒店又称为“委托代办处”“大厅服务处”或“行李处”。礼宾部主要由礼宾部主管（“金钥匙”）、领班、迎宾员、行李员、委托代办员等组成。

相关知识

一、委托代办服务

（一）转交物品服务

转交物品，分住客转交物品给来访者和来访者转交物品给住客两种。如果是住客转交物品给来访者，住客要提供来访者的姓名，待来访者认领时，要请其出示有效证件并签名。如果住店客人的亲戚或朋友、接待单位或其他有关人士需要转交物品给客人，因客人外出而见不到客人，但又不能久等，特委托酒店将物品转交给客人，则酒店务必须要保管好，及时转交客人。

（二）订票服务

订票服务是指为住客代购车、船、机票、戏票等。礼宾部要熟悉本地机票代

理、火车站、码头、戏院、音乐厅等的地址、电话及联系人。在接到订票电话时，要问清客人需求并明确如该要求无法满足时，可有何种程度的变通或取消条件。在我国旅游旺季，能否代客解决旅行票务问题，是酒店能否吸引客人、扩大客源的重要条件之一。因此，订票服务是酒店的一个重要服务项目。

（三）预订出租车服务

客人外出要预订出租车时，行李员要替客人联系预订出租车。出租车可以是酒店本身所拥有的，也可以是出租车公司在酒店设点服务的，或是用电话从店外出租车公司叫车。根据客人要求，也可提前预订包车。

（四）寻人服务

当访客来到酒店欲找某一位住店客人，恰好这位客人不在房间，并向礼宾值班员反映时，值班员应先问清住客的姓名，经与总台核准后，由行李员在前厅部等公共区域举着写有这位客人姓名的“寻人牌”呼唤寻找客人。行李员边举牌行走，边敲出牌上安置的铜铃或其他发声装置，以便发现或提醒客人。

在店内寻找非住店客人，或在其他营业场所、娱乐区域寻人时，还可通过电话与各营业点值班服务员联系查找。在寻人过程中，服务人员应注意自己的步伐节奏和音量控制。

（五）快递服务

（1）了解物品种类、重量及目的地。

（2）向客人说明有关违禁物品邮件的限制。

（3）如系国际快递，要向客人说明海关限制和空运限制。

（4）提供打包和托运一条龙服务。

（5）联系快递公司上门收货。

（6）记录托运单号码。

（7）将托运单交给客人，并收取费用。

（8）贵重或易碎物品交专业运输公司托运。

二、金钥匙服务

（一）“金钥匙”

“金钥匙”是一种“委托代办”（Concierge）的服务概念。“Concierge”一词最早起源于法国，指古代酒店的守门人，负责迎来送往和保管酒店的钥匙。但随着酒店业的发展，其工作范围在不断扩大，在现代酒店业中，“Concierge”已成为为客人提供全方位“一条龙”服务的岗位。只要不违反道德和法律，任何事情“Concierge”都尽力办到，以满足客人的要求，其代表人物就是他们的首领

"金钥匙",他们见多识广、经验丰富、谦虚热情、彬彬有礼、善解人意。

"金钥匙"的服装上面别着形似金钥匙的徽章,这是委托代办的国际组织——"国际酒店金钥匙组织联合会"会员的标志,它象征着"Concierge"就如同万能的"金钥匙"一般,可以为客人解决一切难题。"金钥匙"尽管不是无所不能,但一定要做到竭尽所能,这就是"金钥匙"的服务哲学。

(二)金钥匙的岗位职责

金钥匙通常是酒店礼宾部(行李部)主管。"金钥匙"要以其先进的服务理念、真诚的服务思想,通过其广泛的社会联系和高超的服务技巧,为客人解决各种各样的问题,创造酒店服务的奇迹。因此,"金钥匙"必须具备很高的素质,其岗位职责主要包括:

(1)全方位满足住店客人提出的特殊要求,并提供多种服务,如行李服务、安排钟点医务服务、托婴服务、沙龙约会、推荐特色餐馆、导游、导购等,对客人有求必应。

(2)协助大堂副经理处理酒店各类投诉。

(3)保持个人的职业形象,以大方得体的仪表、亲切自然的言谈举止迎送抵离酒店的每一位宾客。

(4)检查大厅及其他公共区域活动。

(5)协同保安部对行为不轨的客人进行调查。

(6)对行李员工作活动进行管理和控制,并做好有关记录。

(7)对进、离店客人给予及时的关心。

(8)将上级命令、所有重要事件或事情记录在行李员、门童的交接班本上,每日早晨交于前厅经理,以备查询。

(9)控制酒店大门前的车辆活动。

(10)对受前厅部经理委派进行培训的行李员进行指导和训练。

(11)在客人登记注册时,指导行李员帮助客人。

(12)与团队协调关系,顺利运送团队行李。

(13)确保行李房和酒店前厅的卫生清洁。

(14)保证大门外、门内、大厅三个岗位有人值班。

(15)保证行李部服务设备运转正常,随时检查行李车、秤、行李存放架、轮椅。

(三)金钥匙的服务宗旨和理念

(1)酒店金钥匙的服务宗旨:在不违反法律和道德的前提下,为宾客解决一切困难。

（2）酒店金钥匙为宾客排忧解难，“尽管不是无所不能，但也是竭尽所能”，要有一种强烈的为宾客服务的奉献精神。

（3）为宾客提供满意加惊喜的个性化服务。

（4）酒店金钥匙组织的工作口号是“友谊、协作、服务”。

（5）酒店金钥匙的人生哲学：在客人的惊喜中找到富有乐趣的人生。

拓展视野

金钥匙组织的起源与发展

关于“Concierge”一词的来源有两个很有趣的说法，一种是来源于拉丁文，语意为“保管”“管理”或是“仆人”。我们宁愿选择另一种说法，即古代法语的衍生意思，那能让我们寻回封建时代“Concierge”发展的轨迹。这个词为“Comte des cierge”（蜡烛伯爵，即保管蜡烛的人），是负责满足一些到豪华场所娱乐的贵族们的奇想和渴望，以及其他需求的人。

古时，在那些荒无人烟的边境地区，照顾过往的旅行商队的人，我们把他们称作“Concierge”，这种职业最终在中世纪传到欧洲。在一些知名的建筑、宫廷和城堡里，“Concierge”变成“钥匙的保管人”。

1800 年，随着陆上铁路和游轮的增加并初具规模，旅游业欣欣向荣，现代酒店的“Concierge”诞生了。

1929 年 10 月 6 日，来自法国巴黎 Grand Hotel 酒店的 11 个委托人代办成立了金钥匙协会，协会章程允许金钥匙们通过提供服务而得到相应的小费，他们发现那样可以提高对客服务效率，随之还建立了城市内的联系网络。欧洲其他的国家也相继开始成立类似的协会。

1952 年 4 月 25 日，来自 9 个欧洲国家的代表在法国东南部的戛纳（Cannes）举行了首届年会（Congress）并创办了“欧洲金钥匙大酒店组织”（Union European des Portiers des Grand Hotel），简称 UEPGH。

斐迪南·吉列先生是一名金钥匙。他为金钥匙事业倾注了心血，是金钥匙组织的主要创始人，并被尊称为“金钥匙之父”。

1970 年，UEPGH 成为“国际金钥匙大酒店组织”（Union International Portiers Grand Hotel），简称 UIPGH。这一联盟的成立象征着不止在欧洲，来自全球的不同国家都在争取加入金钥匙组织。1994 年，“UIPGH”又将名称改为“UICO”；1997 年，又改变成了今天的名称“UICH”（Union International Des

Concierges D'hotels)。

国际酒店金钥匙组织为拥有目前三十多个成员国（地区）而自豪。1997年1月在意大利首都罗马举行的国际金钥匙年会上，中国被接纳为国际酒店金钥匙组织的第31个成员国。

中国酒店金钥匙会员资格

（1）在酒店大堂柜台前工作的前台部或礼宾部高级职员。

（2）21岁以上，人品优良，相貌端庄。

（3）从事酒店业5年以上，其中3年必须在酒店大堂工作，为酒店客人提供服务。

（4）有两位中国酒店金钥匙组织正式会员的推荐信。

（5）一封申请人所在酒店总经理的推荐信。

（6）过去和现在从事酒店前台服务工作的证明文件。

（7）掌握一门以上的外语。

（8）参加过由中国酒店金钥匙组织举办的服务培训。

任务四　问讯服务

任务目标

1. 掌握问讯服务的业务范围。
2. 熟悉查询住店客人有关情况的处理方法。
3. 掌握做好访客留言的方法。
4. 掌握客房钥匙的管理与控制。

案例导入

客人要游览长城

一个星期天，北京某酒店服务台问讯处，一位从德国来华的怀特先生在问讯台前踌躇，似有为难之事。问讯员小刘见状，便主动询问是否需要帮助。

怀特先生说：“我想乘旅行社的专车去游览八达岭长城，他们配有讲德语的导游，对我游览有很大的帮助。”

小刘问：“怀特先生，您昨天预订旅行车票了吗?”

乔治答：“没有，因为昨天不想去，今天我又冒出想去的念头。”

小刘知道，宾馆规定，去长城游览的客人必须提前一天登记，这样旅行社的车第二天才会到宾馆来接客人，而昨天酒店没有一个客人登记，这样旅行社的车今天肯定不会来了。小刘想了想对乔治先生说：“请您稍等，我打电话与旅行社联系，若还没发车，请旅行社开车到酒店来接您。”

小刘马上打电话给旅行社，旅行社告之：去八达岭的车刚开走，请直接与导游联系，并告诉他导游手机号，于是，小刘又马上与导游联系，导游答应说马上将车开到宾馆接怀特先生。小刘放下电话，对怀特先生说：“怀特先生，再过10分钟，旅游车就来接您，请您稍等。”怀特先生很是感动地连声说“谢谢”!

[**分析**] 前厅部的工作决定了酒店在客人心目中的“第一印象”和“最后印象”，这些印象决定着客人对酒店的总体评价，而这些评价又影响着客人对酒店的选择。对客人询问问题的回答、帮助，更会给客人留下非常独特的印象和感受。由此，前厅部工作质量的好坏、效率的高低，对酒店整体形象、业务的开展、订房率的高低的影响是非常大的。

任务布置

1. 学生通过图书馆、网络等途径，分别收集相关资料。
2. 学生分组到本地高星级酒店进行问讯调研，了解问讯部的业务范围。
3. 按组完成调研报告，并制作 PPT 进行课堂汇报。

任务分析

问讯服务是客房产品销售的配套服务，是免费的服务。大型酒店一般在总服务台设立专门的问讯处，中小型酒店为了节省人力，则由接待员负责解答问讯。问讯员在掌握大量信息的基础上，尽量满足客人的各种需求。问讯处的主要业务有咨询服务、留言服务、查询服务、邮件服务和物品转交服务等。

关键词

留言服务

留言服务是酒店帮助客人传递口信的一项服务。

访客留言

由来访客人留给住店客人的口信。

住店留言

由住店客人留下的口信。

相关知识

一、问讯服务

住店客人来自世界各地，必然有很多情况需要了解、需要询问，酒店的每一位员工都应随时回答客人的询问，协助解决客人的困难。在前台设有问讯处，就是为了方便客人、帮助客人，使酒店服务达到完美的境界。除了向客人提供问讯服务外，问讯处还要受理客人留言、处理客人邮件、控制客用钥匙等。

问讯服务是客房产品销售的配套服务，是免费的服务。大型酒店一般在总服务台设立专门问讯处，中小型酒店为了节省人力，则由接待员负责接待问讯。问讯员在掌握大量信息的基础上，应尽量满足客人的各种需求。

（一）问讯服务的准备

要提供好问讯服务，前厅的总机要备齐相关的信息及资料，主要包括：

（1）酒店组织机构、各部门的职责范围及有关负责人的姓名及电话。

（2）酒店的特色、有关政策和所有的服务设施、服务项目及营业时间。

（3）酒店周围的交通情况、本地主要交通情况，机场、车站的距离及抵达方法，飞机、火车、轮船、汽车等交通工具的时刻表、价目表及里程表，交通部门对购票、退票、行李重量及尺寸规格的规定。

（4）主要医院的名称、电话号码和地址。

（5）本地各主要旅游观光景点、商场、购物中心的名称、概况、特色、电话及其与酒店距离。

（6）本地主要商业街、影剧院、体育场、展览馆的地址、电话及抵达方法。

（7）本地著名酒店、餐馆的地址及电话号码。

（8）本地各宗教场所的名称、地址、电话及开放时间。

（9）世界各主要城市的时差。

（10）本地政府机关、重点院校、学术研究机构、各航空公司、花店等的名称、地址及电话号码。

（11）地图准备：本地的政区图、交通图、旅游图及全省、全国地图，乃至世界地图。

（12）电话号码簿：本市、本省，乃至全国的电话号码簿及世界各主要城市的电话区号。

（13）各主要媒体、企业的网址。

（14）本酒店及其所属集团的宣传册。

（15）邮资价目表。

（16）酒店当日活动安排，如宴会等。

（17）本地主要娱乐场所的特色、地址和电话号码等。

（二）客人问讯的内容

1. 有关住宿旅客的询问

（1）客人是否住在本酒店，住店客人的有关情况。

（2）客人房间号。

（3）电话查询住客情况，应注意以下问题：

① 问清客人的姓名，如果是中文姓名查询，应对容易混淆的字，用组词来分辨确认；如果是英文姓名查询，则应注意区分客人的姓与名，以及易读错的字母，并特别留意港澳地区客人及华侨、外籍华人中既有英文名又有汉语拼音和中文姓氏的情况。

② 如查到了客人的房号，并且客人在房内，应先了解访客的姓名，然后征求住客意见，看其是否愿意接电话。如同意，则将电话转接到其房间；如住客不同意接电话，则告诉对方住客暂不在房间。

③ 如查到了客人的房号，但房间无人接听电话，可建议对方稍后再打电话来，或建议其电话留言，切忌将住客房号告诉对方。

④ 如查询团体客人情况，要问清团号、国籍、入住日期、从何处来到何处去，其他做法与散客一致。

（4）住客要求保密的处理。

有些客人在住店时，由于某种原因，会提出对其房号进行保密的要求。无论是接待员还是问讯员，接受此要求后都应按下列标准去做：

① 此项目要求由总台归口处理。

② 问清客人要求保密的程度，在值班本上做好记录，记下客人的姓名、房号及保密程度和时限。

③ 通知总机室做好该客人的保密工作。

④ 如有人来访要见要求保密的客人，或来电查询该客人，问讯员及总机均应以该客人没有入住或暂时没有入住为由予以拒绝。

⑤ 如客人要求更改保密程度或取消保密时，应即刻通知总机室，并做好记录。

2. 有关酒店内部的问讯

有关酒店内部的问讯通常涉及：

（1）餐厅、酒吧、商场所在的位置及营业时间。

（2）宴会、会议、展览会的举办场所及时间。

（3）酒店提供的其他服务项目、营业时间及收费标准。

3. 店外情况介绍

客人有关店外情况的问讯，通常包括下列内容：

（1）酒店所在城市的旅游点及其交通情况。

（2）主要娱乐场所、商业区、商业机构、政府部门、大专院校及有关企业的位置和交通情况。

（3）近期内有关大型文艺、体育活动的基本情况。

（4）市内交通情况。

（5）国际国内航班飞行情况。

（三）问讯服务的要求

（1）对待客人要一视同仁、彬彬有礼。

（2）熟知酒店所提供的各种服务项目，记清相关部门的电话以便迅速联系，避免客人焦急等候。

（3）未经住客同意，不得将住客房号告诉来访者。

（4）不断搜集、补充、修改店内外的最新资料，做到即问即答，准确无误。

（5）对于确定的情况，回答时应简明扼要，不得模棱两可、含糊其词，使人摸不着头脑。

（6）对于不知道但又一时无法查到的信息，应向客人说明，请求对方谅解，并记住客人的姓名、房号和问讯内容，事后再行查询。一旦查到立即通知客人，如仍无结果也要如实向客人说明情况，表示歉意。

（7）如有几位客人同时问讯，应本着先问先答、急问急答、有问有答的原

则，尽可能使问讯客人得到恰当的接待和满意的回答。

（8）接待员应耐心、细致、热情地解答客人的疑问，做到百问不厌。

二、查询服务

问讯处经常会接到打听住客情况的问讯，如客人是否在酒店入住、入住的房号、客人是否在房间、是否有合住及合住客人的姓名、住客外出前有否给访客留言等。问讯员应根据具体情况区别对待。

（一）查询客人是否入住

对于客人是否入住本店，问讯员应如实回答（住客要求保密的除外）。问讯员可通过查阅计算机或接待处转来的入住单，确定客人是否已入住；查阅预抵客人名单，核实该客人是否即将到店；查阅当天已结账的客人名单，核实该客人是否已退房离店；查阅今后的客房订单，了解该客人今后是否会入住。如客人尚未抵店，则以"该客人暂未入住本店"答复访客。如查明客人已退房，则应向对方说明情况。对于已退房客人，除有特殊交代之外，一般不应将其去向及地址告诉他人。

（二）查询客人入住房号

为住客的人身财产安全着想，问讯员不可随便将住客的房号告诉第三者；如要告诉，则应取得住客的许可或让访客通过电话与住客预约。

（三）查询客人是否在房间

问讯员应先确认被查询的客人是否为住客，如是住客则应核对房号，然后打电话给住客。如住客在房内，则应问清访客的姓名，征求住客意见，将电话转进客房；如客人已外出，则要征询访客意见，是否需要留言。

（四）查询住客是否有留言给访客

有些住客在外出时，可能会给访客留言或授权进入房间。授权单是住客外出时允许特定访客进入其房间的证明书。问讯员应先核查证件，待确认访客身份后，按规定程序办理。

（五）查询住客其他情况

问讯员应为住客保密，不可将住客姓名、家庭地址及其单位名称告诉对方，除非是酒店内部员工出于工作需要而进行的问询。

（六）住客要求保密的处理

有些客人在住店时，由于某种原因，会提出对其房号保密的要求。无论是接待员还是问讯员，接受此要求后都应按下列规程去做：

（1）问清客人保密的程度。比如对接听电话的要求，是只接听长途电话不接听本地电话，还是来电一律不接；又如对来访客人的要求，是只会见某一访客还是一律不见等。

（2）在值班本上做好记录，记下客人的姓名、房号及保密程度和时限。

（3）通知电话总机房做好该客人的保密工作。

（4）如有人来访要见保密客人，或来电查询该客人时，问讯员及总机均应以该客人没有入住或暂时没有入住为由予以拒绝。

（5）如客人要求更改保密程度或取消保密时，应即刻通知电话总机房，并做好记录。

三、留言服务

来找住店客人的访客，如果没有遇到住店客人，便可在问讯处给客人留言；住店客人外出前也可以给将到的访客留言。正确处理好留言可以帮助客人及时传递信息；同样，耽误客人留言，也会影响客人的活动安排或生意。通常情况下，电话留言由接线员完成，其余留言则由问讯员处理。

前厅部问讯处受理的留言有两类，即访客留言和住客留言。

（一）访客留言

访客留言指来访客人对住店客人的留言。当被访的客人不在酒店时，问讯员应主动建议来访者留言。如果来访者愿意留言，问讯员应请访客填写一式三联的"访客留言单"（图 2-20），问讯员过目后签名；也可由客人口述，问讯员记录，客人过目后签字。填写完后将被访者客房的留言灯打开，将填写好的访客留言单第一联放入钥匙邮件架内，第二联送电话总机组，第三联交行李员送往客房。

访客留言单

Message from Visitor to Guest

________女士或________先生（Ms or Mr）：　　　房号（Room No.）________

当您外出时（When you were out）

来访客人姓名（Vistor's Name）：________　　　来访客人电话（Visitor's Tel.）：________

☐ 有电话找您 Telephoned　　　☐ 将再来电话 Will call again

☐ 请回电话 Please call back

☐ 来访时您不在 Came to see you　　　☐ 将再来看您 Will come again

留言（Message）：________________________________

____

经手人 Clerk ________　　　日期 Date ________　　　时间 Time ________

图 2-20　访客留言单

有的酒店规定问讯员隔一个小时打电话到客房通知客人，这样可以保证客人在回房后一小时内知道留言内容。为了对客人的安全负责，对不能确认是否住在本酒店的客人或是已经退房离店的客人，不能接受访客留言，除非离店客人有委托。

（二）住客留言

住客留言是住店客人给来访客人的留言。客人离开客房或酒店时，希望给来访者留言，问讯员应请客人填写“住客留言单”（图2-21），一式二联，问讯处与电话总机各保存一联。若客人来访，问讯员或话务员可将留言内容转告来访者。由于住、客留言单已注明了留言内容的有效时间，若错过了有效时间，仍未接到留言者新的通知，可将留言单作废。此外，为了确保留言内容的准确性，尤其在受理电话留言时，应注意掌握留言要点，做好记录，并向对方复述一遍，以得到对方的确认。

住客留言单

Message from Guest to Visitor

日期 Date
房号 Room No.
至 To
由 From

我将在 I Will Be
□ Inside the Hotel（酒店内）
□ Outside the Hotel（酒店外）

我将于________回店
I will be back at ________
留言
Message ________
____

经手人
Clerk ________
客人签字
Guest's Signed ________

图2-21 住客留言单

四、邮件处理

（一）客人信件的处理程序

对于客人的信件应先进行分类，然后做相应的处理。

(1）查找住店客人的信件。

(2）查找预期抵店客人的信件。

(3）查找要求提供邮件转寄服务的客人的信件。

(4）查找离店客人的信件。

(5）最后剩下的信件属于暂时无法找到收件人的。

(6）对客人邮件的处理，问讯员一定要认真负责，当班时无法处理的，一定要做好交接记录，以免给客人造成不应有的损失和麻烦。

（二）不同邮件处理的方法

1.“住店宾客”的邮件

对于寄给住店宾客的邮件，收到后立即在计算机上核对；无计算机的酒店，可在住店宾客名单上查找，是否与住店宾客姓名和房号吻合。如邮件上只有姓名而无房号，则从名单中找出后在邮件上注明房号。

2.“查无此人”的邮件

“查无此人”的邮件又分为几种情况：

(1）订房间但尚未抵店的宾客邮件。对于将抵店宾客的邮件，要在邮件上注明抵店日期，然后将邮件放在指定的地方，并在“客房预订单”上注明有邮件。宾客抵店前，将邮件取出交给总台的接待员，在宾客抵店办理入住登记时交给宾客。

(2）订房取消了的宾客邮件。对于此类邮件，如果订房宾客有委托并留下地址，酒店应予以转寄；其余邮件盖上“查无此人”的印章退给寄件人。

(3）姓名不详、无法查找的客人邮件。如是急件，在邮件上盖上“查无此人”的印章，立即退给寄件人。普通邮件可保留一段时间，一般不超过一个星期，但要每天核对；若确实无人领取，则退给寄件人，做好邮件退回记录。

3.“离店宾客”的邮件

对于寄给已离店客人的邮件，在确认该客人离店后，应在邮件上注明客人离店日期。如客人离店时有交代，并留下地址委托酒店转寄，酒店应按要求办理。如客人未做任何交代，又属普通邮件，有些酒店在邮件上注明保留 5 ~ 10 天，过期按寄件人的地址退回；如是急件，应立即退回。

（三）客人的汇款单、挂号信、传真、特快专递及包裹的处理程序

(1）这类邮件应设法更迅速地送交客人。

(2）收到邮件后，先将邮件登记在“住客邮件递送登记簿”上。

(3）如系住店客人的邮件，应派行李员尽早送入客房。去客房前，问讯员首先应通过电话与客人联系。如客人外出，则应通过留言的方法（送留言单或打

开留言灯）通知客人，请客人在方便的时候与问讯处联系。

（4）将邮件交给客人时，要请客人在登记簿上签字。

拓展视野

接听电话的技巧

一、改善你的声音

上岗前先喝一口水，做一下深呼吸，然后放松、微笑，发音吐字就会像一串串明珠从口中流出。

当客人打电话给酒店时，若一接通，就能听到对方亲切、优美的招呼声，心里一定会很愉快，从而使双方对话能顺利展开，对该酒店也有了较好的印象。

二、要有愉悦的心情

接听电话时要保持良好的心情，这样即使对方看不见你，但是欢快的声音也会感染对方，给他留下极佳的印象。因为一个人的面部表情会影响声音的变化，所以，即使在电话中，也要抱着“对方在看着你”的心态去应对。

三、清晰明朗地应答

接听电话过程中绝对不能吸烟、喝茶、吃零食，即使是懒散的姿势对方也能够“听”得出来。如果你打电话的时候，弯着腰躺在椅子上，对方听你的声音就是懒散的、无精打采的；若坐姿端正，所发出的声音也会亲切悦耳，充满活力。因此打电话时，即使看不见对方，也要当作对方就在眼前，尽可能注意自己的姿势。

四、认真清楚地记录

随时牢记5W1H技巧，所谓“5W1H”是指When（何时）、Who（何人）、Where（何地）、What（何事）、Why（为什么），以及How（如何进行），这些信息在工作中都是十分重要的。

五、了解来电的目的

上班时间打来的电话几乎都与工作有关，酒店的每个电话都十分重要，不可敷衍对待。即使对方要找的人不在，切忌只说“不在”就把电话挂了。接电话时也要尽可能问清事由，避免误事。首先应了解对方来电的目的，如自己无法处理，应认真记录下来，委婉地探求对方来电的目的，这样就不会误事，而且有助于赢得对方的好感。

项目四 宾客离店服务

任务一 客账处理

任务目标

1. 了解客账管理。
2. 掌握结账收银程序及相关知识，能为散客和团队办理结账离店手续。
3. 了解外币兑换管理，能为宾客办理外币兑换业务。

案例导入

核单核对

某日，一位在广州鸣虹酒店的客人来到前台收银处，支付最近一段时间在店内用餐的费用。他一看到打印好的账单上面的总金额，马上火冒三丈："你们真是乱收费，我不可能有这样高的消费！"收银员面带微笑地回答客人说："对不起，您能让我再核对一下原始单据吗?"客人当然没有表示异议。

收银员一面检查账单，一面对客人说："真是对不起，您能帮我一起核对吗?"客人点头认可，于是和收银员一起对账单进行核对。期间，那位收银员顺势对几笔账目金额，如招待宴请访客，以及饮用名酒等做了口头提示以唤起客人的回忆。等账目全部核对完毕，收银员有礼貌地说："谢谢您帮助我核对了账单，耽误了您的时间，费神了！"客人听罢连声说："小姐，麻烦你了，真不好意思！"

［分析］ 前厅部收银处是个非常"敏感"的部门，最容易引起客人发火。收银员要向客人耐心解释消费项目，做好一系列相关工作。在实际操作中，熟练掌握结账收银的程序是最为重要的。

任务布置

1. 学生自学结账服务的基础知识。

2. 学生分组至本地高星级酒店，调查离店结账的情况。

3. 学生分组模拟散客离店结账的程序。

任务分析

前台收银业务是一项十分细致复杂的工作。酒店每天都接待众多的客人，除了住宿外，还有餐饮、娱乐、洗衣、商务等各项消费。为了方便客人，在大部分情况下，客人在享受酒店所提供的各种服务和设施时，并不需要在每笔交易发生后即用现金付款，而是仅凭其住客的身份在账单上签字即可，现代酒店一般采用一次性结账方式。

关键词

账　户

账户（Master Bill）是在宾客入住酒店后，为记录宾客预付款和宾客在酒店的消费情况而建立的账单。账户是以一个支付主体为一个记账户头，我们也称之为总账单。酒店的账户通常分为散客账户、团队账户和临时账户。

外币兑换水单

外币兑换水单（Foreign Exchange Voucher）是由银行设计并发放给酒店用于外币兑换的一种兑换凭证。所有的外币兑换业务都需履行填单手续。兑换水单应具备的内容包括：酒店名称、宾客姓名、房号、日期、外币类别、外币金额、兑换率、兑换后人民币总金额、宾客签名、经办人签名、水单号、宾客护照或身份证号码等。

相关知识

一、收银处的主要任务

1. 客人账户的签收和保管。
2. 处理宾客账务并累计客账。
3. 办理客人的结账离店手续。
4. 提供外币兑换服务。
5. 办理客人的贵重物品寄存业务。

二、客账管理的要求

（一）账户准确

客人办理完入住登记手续后，接待员必须迅速、准确地为客人制作好总账单，连同登记单等送交收银处。收银处的员工在签收后要认真核对检查。

（1）账单中客人的姓名、房号、房价、抵离店日期、付款方式及收款方面的注意事项等是否与登记单相一致，内容是否完整。

（2）核实付款方式。现金预付的是否有预付款单，信用卡预付的是否有预授好的信用卡签购单，并检查两单的有效性。

（3）检查相关的附件是否齐全。例如，房租折扣审批表、客人特殊要求接待单等。

（4）将客人总账单及附件准确地放入相应房号的账单夹内。

（二）转账迅速

客人在酒店逗留时间短，从客人开始入住到结账离店，一系列的消费行为都有可能在短时间内发生。各营业部门需将客人发生的每笔消费签单及时传递到前台收银处，防止跑账、漏账发生，这是做好结账工作的基础。消费信息传递的方法有如下几种：

（1）人工传递。各营业点的消费账单（凭证）由专门的人员传递到前台收银处。人工传递不但慢，而且如果传递员责任心不强，容易造成迟送或单据遗失。

（2）电话传递。通过电话把客人的消费信息传递到收银处，可以弥补人工传递慢的不足，但客人的消费凭单不能立即传递到收银处，如果前台较忙，员工在接听或记录信息时还容易出差错，甚至忘记。因此，酒店一般把它作为一种辅助的转账工具，往往在应急时采用。

（3）管理信息系统传递。用计算机系统将各个营业点连接起来，消费信息可以通过计算机直接传送到系统数据库内，将客人的消费额记入客人的总账单。使用这种方法不仅信息传递快，还不受地点限制，是目前酒店采用最多的一种方法。

（三）记账准确

不管是通过计算机系统由营业点的收银员把客人消费签单费用记入到相应的账户中，还是由前台的收银员把客人消费签单费用记入到相应的账户中，都必须保证记账的准确性。具体要求如下：

（1）前台收银员及时签收各营业点传递来的消费凭单，并检查签单上的房号和宾客签名是否与登记单或总账单上的相一致。如有问题，立即和有关部门进行沟通。

（2）将住店客人在店所消费的签单额，如电话费、餐费、小酒吧消费等费用借记该客人的分户账上。

（3）将住店客人支付的订金、预付款、给客人的折扣等贷记该客人的分户账上。

（4）将记好账的消费凭单、凭证客单联放入客人相应的账单袋内，并予以妥善保管。

（四）结账准确快捷

客人离店时，到前台结账处结账，收银员应根据客人的房号打印出相应的客人总账单，取出相关凭证，复核客人的姓名后，告知客人消费总额，请客人过目确认，在没有疑义的情况下，快速为客人结清账款。

三、客账处理流程

（一）建账

通过建立清晰的账户，监督和管理宾客在酒店发生的各种交易，收取所有应收账款。酒店前厅宾客账户主要分为两类，即住客分类账与应收款分类账。住客分类账是为住店散客与团队宾客开设的账户，应收款分类账是为非住店户（也称外客账户）和酒店管理人员开设的账户。账户建立是记账、入账的第一步，账户用于记录宾客在店内的消费账目。账户所包含的一般信息有宾客姓名、房间号、消费场所、账单号、消费摘要、签字等。在酒店与宾客交易过程中，酒店会适时地向宾客收账。酒店使用的账户通常有 6 种。

（1）散客账户。散客账户也称为个人账单、客房账单、宾客账单，它是为每一位散客设立的账户，其作用是记录客人和酒店之间发生的会计事务。

（2）团体账户。团体账户又称为团队账单，它是团体使用的账户，包含着不转至个人账单的一些交易记录，一般用于多数团队和会议的记账服务。对于团体住客，一般应设两个账户：公账账户（也称主账户）和私账账户（也称杂费账户）。公账账户用于记录团体的集体消费账目，由旅行社或接待单位付款；私账账户则用于记录团队中的个人消费，由宾客个人支付。

（3）非住客账户。非住客账户，又称半永久性账户，它是为那些不是住店宾客但产生店内费用的个人而设置的账户。这些宾客一般包括健身房成员、企事业客户或是当地政要等。非住客账户号在账户建立时确定，当收银员向非住客账户收费时，必须要求宾客出示账户卡，以确认转账有效。

（4）编制账户。编制账户又称控制账单，用于酒店各营业部门跟踪转账至其他账单（个人、团体、非住客或员工账单）的所有事务。例如，住客散客在餐厅吃饭，他的花费总额将转账至对应的个人账单，与此同时，该总额又将作为餐厅的延迟付款转账至对应的控制账单。

（5）永久性账户。永久性账户是酒店有业务合同的信用卡公司账户，用来跟踪由信用卡公司结算的宾客的账单余额。酒店将为每个和它有合同付款程序的实体建立一个永久账户。如果宾客要求其账单余额通过一张可接受的信用卡支付，则将宾客余额转账至对应的永久账户。永久账户使得酒店在宾客逗留时间之外仍能跟踪应收账款。只要酒店继续和该实体保持业务联系，对应的账户也将永久存在。

（6）特别账户。特别账户是酒店为提供一些特别服务而设立的账户。

（二）入账

酒店的入账方法主要有计算机入账与手工入账两种。

（1）计算机入账。宾客在酒店各营业点的费用，通过安装在各营业点的计算机管理系统软件终端输入，然后通过软件即时进入前厅收银处的宾客账户。例如，餐厅的收银处与前厅收银处计算机联网后，不管住客在什么时候消费，都能输入到该宾客的消费账户中去；再如，客房的直拨电话系统与前厅收银处计算机联网后，只要宾客在房间拨打外线电话，电话费用就能立即自动计算出来并转到该宾客的消费账户上去。通过计算机入账，既准确又迅速，同时还可以利用计算机编制营业报表。

（2）手工入账。一些小型酒店仍使用手工入账，与计算机联网入账方式相比，手工入账的速度比较慢，而且容易遗失和漏收。这就要求酒店建立严格的程序，责任到人，加快账单开出及传送的过程，尽量提高入账的速度。

无论是计算机联网入账，还是手工入账，宾客账单最后都要归总到前厅收银处，由收银员放入住客各自的账卡里，作为宾客结账时的原始依据。前厅收银员在存放这些账单前，应认真复核账单上的签字、房号是否与登记表上的签字、房号相符。

（三）夜审

夜间审计，是指前厅收银处在夜间（通常为23：00—次日7：00）对当日收到的账单进行审核和结转账目，完成制作经营报表等工作，以确保宾客账单准确无误和反映酒店经营中的问题，以及安排夜间到来的客人。夜间审计也称为夜间查账，规模较大的酒店设有主管审计和审计员，在小型酒店则可由夜间收银员承担。

酒店进行夜间审计的必要性：第一，酒店是全天24小时营业的，这意味着客人在任何时间都有可能抵达和离开酒店，因此，费用的产生和客人的结算也是随时的。为了确保酒店的经济收入和对消费者负责，并在客人退房时能及时提供账单，就必须有专人负责账目审核。第二，在正常营业的情况下，酒店白天业务

往往比较繁忙，而夜间业务相对较少。由于客人白天结账的较多，一些费用凭证暂时无法入账，夜间审计则可以完成白天所有尚未结转的账目。第三，收银员在白天的工作中有可能出现转账错误、入账错误、数字书写或计算错误，接待员也有可能出现客房状况告知失误，或是前厅可能出现一些特殊情况，而且有关酒店营业情况的报表也适合在夜间制作，因此前厅的夜间审计工作是十分重要的。

夜审工作流程依据酒店的具体情况，如酒店业务量、所用的设备、具体的分工不同存在较大的区别。例如，有些酒店夜审只负责收银处的客人账单和各部门的凭证核算；而另一些酒店却要求夜审员完成夜间前厅的全部账单核算事务。但是，由于夜审工作的共同特点，形成了如下一套完整的工作流程：

（1）费用入账。夜审员的第一项工作是将白天尚未结转的费用凭证及时转入客人账单。如果采用计算机系统，只需核实上一个班次的数额即可。如果采用手工审账系统，则须逐项转入对应的客人账单。

（2）核对客房状况。核对客房状况是指核对前厅与客房部之间有关客房的状况是否存在差异。此项工作不仅有利于客房状况控制，而且能够从客房状况的错误中发现账目问题。

（3）平衡各部门的费用额。平衡各部门费用额是夜审的主要工作内容。各部门费用额的平衡标志着酒店收益没有任何差错，各部门的输入准确无误。平衡的办法是将前厅收银处客人账单里的原始凭证取出，然后按各营业中心分类，如电话费、洗涤费、餐饮费等分别放在一起，累计各部门费用额，得到部门费用总额。用这些数额与各营业中心的营业额相比较；如果双方一致，说明部门费用和没有差错；如果双方不一致，那么夜审员就要逐项核对原始凭证和所打印数额。审账工作是十分繁重的，但酒店使用计算机管理系统会简化此项工作。

（4）核对客房房价。酒店要求夜间审计员制作每日客房收益表。为此，夜审员要核对和填写客房价格。这项工作的复杂性是由客房的公布价与实际的出租价往往不一致而造成的。夜审员如果发现客房公布价与实际价格不一致，应按以下线索审核：首先，要注意团队客人、享受公司优惠价的客人、免费和折扣房价，以及其他优惠价的客人；其次，审查“房费折扣或免费申请单”，核对是否每位享受优惠房价的客人都符合条件，防止一些前厅接待员自作主张，为亲友提供优惠。

（5）结转客房费用。在高档次的酒店，房费是由夜审员使用过账机自动结转的。使用计算机软件系统的酒店，客房费用的转账更加方便和迅速，同时夜审员还要完成办理客人续住的程序。

（6）制作部门收益报表。在完成以上工作后，夜审员还要完成各部门的收益总结报表，连同原始凭证一起送交财务部。

（7）编制酒店的营业日报表。该表是全面反映整个酒店营业情况的业务报表。通常一式两份，一份于次日上午送至总经理办公室，以便让管理人员及时了解酒店营业情况，进行经营决策；另一份则递交财务部。

四、宾客付款方式

客人采用的付款方式一般包括：现金支付、信用卡支付、支票支付、转账支付、有价订房凭证等。各种付款方式的具体操作程序如下：

（一）现金支付

若客人入住时有现金抵押，则首先要将押金收据收回。一般情况下，抵押金额都是大于消费金额的，收银员需按照计算机显示的余额向客人退款，并在结账完成后将押金收据与发票订在一起上交财务。

（二）信用卡支付

若客人入住时不是使用信用卡交纳押金，则直接按照计算机显示的消费金额在 POS 机上刷卡消费。当 POS 机的签购单打印完毕后，务必请客人签字确认。若客人入住时是使用信用卡交纳押金的，收银员需取出该卡的签购单，并从客人处取得信用卡，仔细核对信用卡与签购单显示的内容是否相符；若不符，需请客人换卡；若相符，则可直接在 POS 机上进行消费交易、完成预授权。

信用卡使用时应注意以下问题：接收时，首先需查看卡片的有效期，并核对持卡人与住宿宾客的姓名是否相符；根据预计或实际消费金额进行授权；所有信用卡一律按人民币金额结算，酒店不受理信用卡提现业务。

（三）支票支付

若客人入住时是使用支票交纳押金的，结账时收银员首先须收回押金单。使用支票结账时要注意以下问题：支票票面须整洁、无折痕，印鉴清晰、有效，非原子印章不得遮盖支票下方电脑识别码；检查支票是否过期（支票付款期为十天，自签发日起算，节假日不顺延）；日期（大写）、收款单位名称、大小写金额和用途填写正确、字迹规范，大写金额、小写金额前加“￥”；查验持票人证件，并将持票人姓名、身份证号码、住址、单位地址、联系电话登记在支票背面左上角的背书栏线以上空白处；支票应使用黑色钢笔或签字笔填写（包括背面内容）；支票不被用以提现；拒绝接收发生过空透情况的单位支票，见图 2-22。

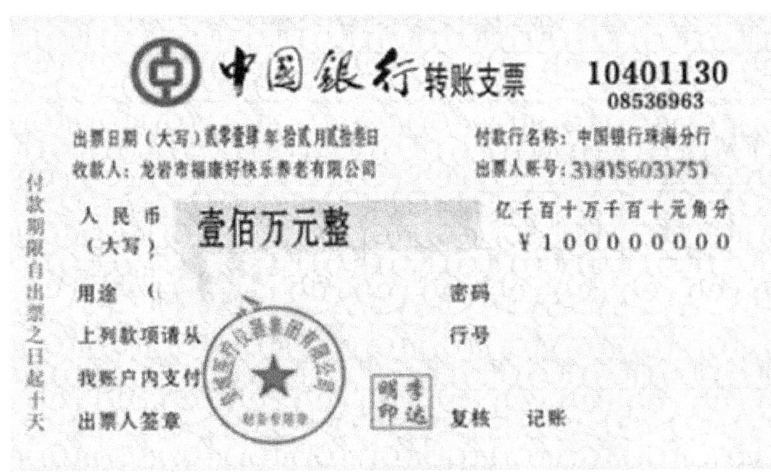
中国银行 转账支票 10401130
08536963
出票日期（大写）贰零壹肆年拾贰月贰拾叁日 付款行名称：中国银行珠海分行
收款人：龙岩市福康好快乐养老有限公司 出票人账号：31815603175
付款期限自出票之日起十天
人民币（大写） 壹佰万元整
亿千百十万千百十元角分
￥100000000
用途 密码
上列款项请从 行号
我账户内支付
出票人签章 复核 记账

图 2-22 支票样单

（四）转账支付

转账支付是指客人结账时所产生的费用均转入协议账户，由签订挂账协议的单位或个人结算。转账支付时有以下问题需要注意：协议单位挂账，账单与明细需相符，账单由有效签字人签字确认；协议单位有效签字人的有效期以计算机显示为准；非协议单位挂账，需由部门经理签字担保并注明结算期限；旅行社挂账的，预订单后需附旅行社订房传真复印件；旅行社转账的结算价格，应与合同签订的价格相符；旅行社团队转账账单，应由陪同签字确认，非协议旅行社应预付或现付，不得挂账。

（五）有价订房凭证

通过与酒店签订协议的客房预订代理商预订房间的客人，在预订房间时是将费用支付给客房预订代理商。该类客人入住时须持有客房预订代理商发放的有价订房凭证。给这类客人结账时一般只需结清房间杂费即可，房费则由酒店与客房预订代理商联系，凭有价订房凭证结算剩余费用。因此，收银员处理此类结账时，必须保证客人资料和有价订房凭证齐全。

不管使用哪种付款方式结账，结账后均须主动开具发票。开具发票必须严格遵守财务制度的要求，票面金额必须与账面金额完全一致，不得多开或虚开发票。

五、散客结账程序和标准

散客结账程序和标准见表 2-10。

表 2-10 散客结账程序和标准

程序	标准
迎接客人	• 礼貌问候客人。 • 了解客人需求。
检查、确认客账	• 请客人出示房卡和钥匙。 • 取出客人入住登记资料（登记单、签购单、消费签单等）。 • 查看计算机总账单并打印处，交客人检查，签字确认。 • 礼貌询问客人有无最新消费。 • 注意账页上有无其他提醒事项。 • 通知客房中心客人离店。
结算客账	按照客人的付款方式结清账款，如果是现金结算： • 请客人出示“预付款单”并收回。 • 根据实际消费额多退少补。 • 给客人账单或发票。
向客人道别	• 主动询问客人是否需要行李服务。 • 感谢客人入住本酒店。 • 预祝客人旅途愉快。 • 欢迎客人再次光临。
完成结账手续	• 将结账客人的登记单盖上时间戳交接待处。 • 更改房态。 • 编制客房收入日报表。

六、团队结账程序和标准

团队结账程序和标准见表 2-11。

表 2-11 团队结账程序和标准

程序	标准
检查、确认客账	• 将团队总账单与团队接待通知单项核对： （1）团队编号； （2）团队名称； （3）团队人数； （4）团队用房数； （5）房价； （6）用餐标准； （7）抵离店时间； （8）陪同姓名； （9）旅行社名、联系人、电话等； （10）进店后的变动情况是否按规定调整好。 • 向客房中心了解客人有无小酒吧等场所的最新消费。

续表

程序	标准
打印团队总账单和客人自付账单	• 根据团队的结算方式准备好结算凭证。 • 取出团队入住登记资料和有关资料，与总账单放在一起，以备领队或陪同查阅。 • 提前告知领队或陪同团员自付费用的房号，请其协助提醒客人及时到前台付款。
结账离店	• 请领队或陪同检查账单并结算： （1）如果是转账，请陪同在确认过的账单上签字； （2）如果是现付，请陪同根据实际消费额结清账款； （3）如果是支票结算，严格按支票程序结算。 • 如还有客人自付费用未付，告知领队或陪同，请其帮助催收。 • 如有未归还的房卡和钥匙，请礼宾部人员帮助追收。
完成结账手续	• 将已结账离店团队信息通知客房部。 • 更改房态。 • 整理团队已结账的总账单及有关资料。 • 编制客房收入日报表。 • 将团队总账单和有关资料交财务部。

七、外币兑换的管理

（一）外币现钞兑换

目前，我国境内由国家外汇管理局公布的可兑换外币币种有英镑、美元、欧元、日元、新加坡元等，具体可参照外汇牌价表。酒店前台收银员在操作外币兑换业务时应遵循以下程序：

（1）当客人提出兑换外币现钞要求后，应礼貌询问客人是否为本酒店住店客人，问清客人房号并在计算机中快速查询。通常情况下，酒店不为非住店客人提供外币兑换业务。

（2）问清客人兑换要求，确认客人需兑换的外币是否为本酒店所接受的外币。

（3）向客人报当日兑换汇率，问清客人需兑换的外币金额。

（4）收到客人外币后要当面清点、验钞，进行唱收。

（5）请客人出示护照，核对兑换人是否为护照持有人，填写外币兑换水单，快速准确地计算出兑换金额。

（6）前台收银员确认签字并请客人在外币兑换水单上签字。

（7）将人民币现钞与水单“客户联”交给客人并唱付，提醒客人保管好水单，在离境时未使用完的人民币，可凭该水单在银行兑换回本国货币。

（8）在“外币兑换日报表”上进行登记，并将“存根联”截下与外币现钞在本班次结束后一起上交财务部。

（二）外币兑换水单

外币兑换水单见图 2-23。

外币兑换水单 日期：__________
Foreign Exchange Voucher Date：__________

× ×酒店

姓名 Name ________ 房号 Room No. ________

证件号码 Certificate No：______________

货币名称 Currency	金额 Amount	兑换率 Exchange Rate	兑换总额 Subtotal

总计 Total：

宾客签名 Guest Signature： 经办人签名 Cashier Signature：

图 2-23 外币兑换水单

（三）外币兑换程序和标准

外币兑换程序和标准见表 2-12。

表 2-12 外币兑换程序和标准

程序	标准
问候宾客	早上好，中午好，晚上好，欢迎光临。如知道宾客姓名，用姓氏称呼宾客，如× ×先生/女士好。了解宾客需求。
了解宾客兑换要求	• 问清宾客需兑换的币种和数额。 • 告知客人当天的兑换率。
核对宾客证件	礼貌地请宾客出示房卡，确认系住店宾客后，礼貌地将房卡还给宾客。
验收兑换的外币	• 清点、唱收宾客需兑换的外币种类和金额。 • 检查外币是否属于现行可兑换的外币种类。 • 使用外币验钞机鉴别钞票真伪。

续表

程序	标准
填写兑换水单	• 完整、准确填写宾客姓名、房号、证件号码、外币名称、金额、兑换率及应兑金额。 • 准确换算。 • 礼貌地请宾客在兑换水单上签名。
交宾客兑付款	• 唱收应兑给宾客的款额。 • 将兑换水单宾客留存联交宾客，并告知请其保管好。
向宾客道别	感谢宾客，预祝宾客在酒店入住愉快等。
缴款	班次结束时，将外币和水单汇总，交酒店财务部。

八、旅行支票兑换

旅行支票是一种定额支票，属于有价证券，通常由银行、旅行社为方便国内外旅行者而发行。持有者可在国外向发行银行或旅行社分支机构及规定的兑换点，按规定手续兑换现金或支付费用。

收兑旅行支票的服务程序如下：

（1）问清客人的兑换要求。

（2）检验其支票是否属于可兑换或使用之列，有无区域、时间限制。

（3）检验支票真伪，与客人核对、清点金额。

（4）请客人出示有效证件，当面请客人复签，查看复签笔迹是否与初签相一致。

（5）按当日外汇牌价填制水单，准确换算，扣除贴息。

（6）请客人在水单上签字确认并复核。

（7）核对无误后，将兑换款项及水单交给客人。

九、特殊情况结账处理

（一）快速结账处理

酒店退房时间为中午 12：00 前，该时段前后客人退房结账较为集中，容易致使前厅收银处客人拥挤、收银员工作繁忙。为避免此种现象的出现，也为了方便客人，一些酒店力求寻找快速的结账服务，大致分为两种模式：客人房内结账和客人填写“快速结账委托书”办理结账手续。

1．客人房内结账的方式

（1）酒店利用客房内的电视机，将其与酒店的计算机管理系统相连，客人在离店前一天晚上根据服务指南中的说明启动房内结账系统，开始对账。

（2）在离店的当天早上，客人就可以在电视屏幕上看到最后的账单情况，并提前通知收银员准备账单，这样就加快了结账速度。

（3）如果客人使用信用卡结账，就不必到前厅收款处办理结账手续；如果客人用现金结账，则必须到前厅收款处结账。因为付现金的客人还没有与酒店建立信用关系，计算机管理系统控制程序不允许现金付款的客人采取房内结账的方式。

2. 客人填写“快速结账委托书”办理结账手续

对于有良好信用的客人，使用信用卡结账的，酒店为其提供快速结账服务。“快速结账委托书”上客人的签名将被视为信用卡“签购单”上的签名，财务部凭信用卡签购单和“快速结账委托书”向银行追款。

（1）客人离店前一天填好“快速结账委托书”，并送至收银处，由收银员对其支付方式进行核对。

（2）客人可以在前厅收银处索取“快速结账委托书”，将其填好后送至收银处，由收银员对其支付方式进行核对。

（3）在客人离店的当天早上，收银员将客人消费的大致费用告诉客人，在稍微空闲时替客人办理结账手续，并填制好信用卡签购单。

（4）为了方便客人备查，酒店最后应将账单寄给客人。

（二）即时消费收费处理

即时消费收费是指客人临近退房前的消费费用，因送到前厅收银处太迟而没能在客人退房前入账。在这种情况下，酒店从已退房离店客人那里收款较为困难。

（1）收银员在客人打印账单前，应确认客人有无仍未入账的消费。例如，收银员应委婉地询问客人早上是否有使用客房小酒吧的酒水、有无吃早餐签单等问题。这种方法是否有效，在很大程度上取决于客人的诚实度。

（2）酒店须制定一个大致适当的比例，作为客人即时消费带来的损失，该损失由酒店承担。

（3）酒店须建立一套高效的、多功能的账务处理系统，来确保客人在酒店内部各个部门的消费账单能尽快传到前厅收银处。因为在客人结账时，收银员去调查客人的即时消费情况，有可能时间太长而给客人带来不便；加之收银员的工作本来就繁忙，如再花费大量时间调查即时消费，可能会忙上加忙导致忙中出错。

（三）提前结账问题处理

（1）收银主管每小时一次通过计算机查核提前结账客人的离店情况。

（2）收银员在结账时，暂时不把客人的资料从计算机中删去。当确定客人

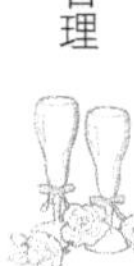

真正离店且无其他消费项目后，方可把客人的资料从计算机中删除。

（3）在住房登记卡上注明客人提前退房的时间，并在计算机系统中做标记。

（4）可将客人的住房登记卡按照所注明的退房时间放入离店文件夹内。

（四）过了结账时间仍未结账处理

（1）前台应催促预期离店的客人按时结账。

（2）如超过时间，应加收房费。一般中午 12：00 至下午 18：00 以前结账应加收半天房费，下午 18：00 以后结账的要加收一天的房费。

（3）为减少客人的误会或在结账时产生不必要的纠纷，对于预期离店而又没有及时结账的客人，前台工作人员应该把上述规定委婉地告诉客人。

（五）结账时要求给予优惠

有些客人在结账时，往往以各种理由要求优惠。此时，给予优惠与否要视具体情况而定：

（1）如果符合优惠条件，收银员要填写“退账通知书”（一式二联，分交财务和收银处），然后由前厅经理签名认可，并注明原因，最后在计算机中做退账处理。

（2）有时会遇到客人要求取消优惠的特殊情况，这也要尊重客人的意见，满足客人的要求。

（3）遇持有酒店 VIP 卡的客人在结账时才出示 VIP 卡，并要求按 VIP 优惠折扣结账时，应向客人解释酒店规定：VIP 卡在入住登记时出示才有效，否则不能按优惠折扣结账；如客人坚持要求按优惠折扣结算，可报大堂副经理或部门经理，由其决定是否给予优惠折扣。

拓展视野

信用卡的起源和发展

信用卡结算是一种非现金交易付款的方式，是简单的信贷服务。信用卡一般由银行或信用卡公司依照用户的信用度与财力发给持卡人；持卡人持信用卡消费时无须支付现金，待结账日时再还款。

信用卡于 1915 年起源于美国。最早发行信用卡的机构并不是银行，而是一些百货商店、饮食业、娱乐场所和汽油公司。美国的一些商店、饮食店为招徕顾客、推销商品、扩大营业额，有选择地在一定范围内发给顾客一种类似金属徽章的信用筹码，后来演变为用塑料制成的卡片，作为客户购货消费的凭证。开展了凭信用筹码在本商号或公司或汽油站购货的赊销服务业务，顾客可以在这些发行筹码的商店及其分号赊购商品，约期付款。这就是信用卡的雏形。

据说有一天，美国商人弗兰克·麦克纳马拉在纽约一家酒店招待客人用餐，就餐后发现他的钱包忘记带在身边，因而深感难堪，不得不打电话叫妻子带现金来酒店结账。于是，麦克纳马拉产生了创建信用卡公司的想法。1950年春，麦克纳马拉与他的好友施奈德合作投资一万美元，在纽约创立了“大来俱乐部”（Diners Club），即大来信用卡公司的前身。大来俱乐部为会员们提供一种能够证明身份和支付能力的卡片，会员凭卡片可以记账消费。这种无须银行办理的信用卡的性质仍属于商业信用卡。

1952 年，美国加利福尼亚州的富兰克林国民银行作为金融机构首先发行了银行信用卡。到了 20 世纪 60 年代，银行信用卡很快受到社会各界的普遍欢迎，并得到迅速发展；信用卡不仅在美国，而且在英国、日本、加拿大，以及欧洲各国也盛行起来。

1978 年，中国银行广东省分行与香港东亚银行签订协议，开始代理国外信用卡业务，信用卡从此进入中国。

1985 年，中国银行珠江分行发行了中国历史上第一张人民币信用卡——珠江信用卡。

2002 年 3 月，中国银联股份有限公司在上海浦东正式成立。

信用卡产业的利润特征之一是基于大数原理的规模效应。在完成信用卡市场的跑马圈地之后，接下来的几年间，各大银行将工作重点转移到维护客户忠诚度和深度挖掘客户价值上来。根据成熟的市场经验，当人均 GDP 达到 5000 美元时，信用卡将进入国际公认的信贷消费的高速成长期。2006 年，中国城市中有数十个已经达到此阶段，信用卡产品的生命周期也走入成熟期。

任务二　贵重物品保管

任务目标

1. 能为住店宾客办理贵重物品寄存保管服务。
2. 能处理宾客遗失贵重物品保险箱钥匙事宜。

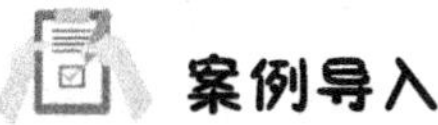

案例导入

贵重商品不见了

某日，方小姐入住长宁区某五星级酒店，并将行李存放在酒店的行李寄存处。可是，当她外出归来凭行李牌取行李时，却被告知行李不慎遗失了。方小姐表示，行李中有笔记本电脑、高档化妆品等贵重物品，总价值 24800 余元。

事实上，在方小姐存放行李时，酒店给她的行李吊牌背后，印有“贵重物品应另行保管”的提示，酒店大堂也张贴有行李寄存的通告，还在大堂内特设了保险箱室。酒店向方小姐表达了歉意，愿意赔偿人民币 1 万元，并免费提供豪华客房住宿三晚。

方小姐对此并不满意，于是向法院提起上诉。法院经审理认为，酒店在行李吊牌上印有须知等行为符合一般商业惯例，因此可以认为方小姐已经了解格式条款的存在，并有机会了解条款内容。方小姐在寄存行李时，应向接待人员申报寄存贵重物品。由于未按酒店的提示将贵重物品另行保存，她所提出的赔偿请求没有得到法院的支持。最终，该酒店自愿赔偿方小姐经济损失人民币 1 万元，并在判决生效之日起半年内，提供三晚免费入住豪华套房。酒店自愿给予补偿的数额，显然已经超过一般行李的价值，法院予以支持。

[**分析**] 客人在酒店停留期间会发生各种各样的问题，尤其是客人随身携带的贵重物品如果保管上不加小心，有可能意外丢失。所以，酒店通常会在大堂或客房设置贵重物品的寄存箱和保险柜供客人使用。但是有些客人事先并未对此引起足够的重视，不能按照酒店的规定办理相关的手续，结果出了问题以后就会把责任推给酒店，给双方带来精力、物质和经济方面的损失。

任务布置

1. 分组参观本地高星级酒店贵重物品寄存间及相关设施设备。
2. 按组讨论贵重物品寄存服务三个阶段的工作程序和要求。

任务分析

为了保证宾客在店期间贵重物品的安全问题，《中国旅游酒店行业规范》第五章第十七条明确规定“酒店应当在前厅处设置有双锁的客人贵重物品保险箱。贵重物品保险箱的位置应当安全、方便、隐蔽，能够保护客人的隐私。酒店应当按照规定的时限免费提供住店客人贵重物品的保管服务”。目前，高星级酒店已经在客房配备小型保险箱，供客人免费存放随身携带的物品，其密码和钥匙由客人自行保管。

关键词

贵重物品保险箱

贵重物品保险箱（Safe Deposit Box）是酒店为保护住店宾客财产的安全，免费为客人提供存放贵重物品的一种设备和服务。酒店贵重物品保险箱的数量一般按照酒店客房数的15%～20%配备，保险箱设置在靠近前台的服务区域。贵重物品寄存服务和保险箱的管理通常由总台的服务员承担。

相关知识

一、贵重物品寄存管理的规定

（一）贵重物品保险箱的配备

按照星级酒店的评定要求，酒店要在前台配置一定数量的保险箱，为宾客提供贵重物品免费寄存服务。保险箱的规格有大、中、小三种。有的酒店还在客房内为宾客配备了小型保险柜。

（二）酒店贵重物品寄存管理规定

（1）酒店贵重物品保险箱只提供给住店宾客免费使用。

（2）定期检查贵重物品保险箱是否处于良好的工作状态。

（3）为宾客开启保险箱时，须按照“贵重物品寄存单”上所列的各项内容填写清楚、准确。

（4）两位宾客同时启用保险箱时，请两位宾客都在贵重物品寄存单上签名。

（5）保险箱分钥匙需放在指定的地方保管好。

（6）保险箱总钥匙需由专人保管，每个班次都要做好交接记录。

（7）勿让不相识宾客进入贵重物品寄存间。

（8）服务员不可私自使用保险箱。

（9）填写过的贵重物品寄存单要科学、安全地排列，以方便取拿。

（10）出现遗失保险箱钥匙和发现丢失贵重物品等特殊情况，需立即通知相关管理人员，以便及时处理。

（三）国家旅游局酒店行业规范中有关保管客人贵重物品的规定

（1）酒店应当在前厅处设置有双锁的客人贵重物品保险箱。贵重物品保险箱的位置应当安全、方便、隐蔽，能够保护客人的隐私。酒店应当按照规定的时限免费提供住店客人贵重物品的保管服务。

（2）酒店应当对住店客人贵重物品的保管服务做出书面规定，并在客人办理入住登记时予以提示。造成客人贵重物品遗失的，酒店应当承担赔偿责任。

（3）客人寄存贵重物品时，酒店应当要求客人填写贵重物品寄存单，并办理有关手续。

（4）客房内设置的保险箱仅用于客人存放一般物品。对没有按规定存放在酒店前厅贵重物品保险箱内而在客房内遗失、损毁的客人贵重物品，如果责任在酒店方，可视为一般物品予以赔偿。

（5）如无事先约定，在客人结账退房离开酒店以后，酒店可以将客人寄存在贵重物品保险箱内的物品取出，并按照有关规定处理。酒店应当将此条规定在客人贵重物品寄存单上明示。

（6）客人如果遗失酒店贵重物品保险箱的钥匙，除赔偿钥匙成本费用外，酒店还可以要求客人承担维修保险箱的费用。

（四）贵重物品保险箱钥匙遗失的处理

（1）宾客报失贵重物品保险箱钥匙后，请宾客在贵重物品寄存单的背面注明“钥匙遗失”并签字确认，由相关经理签字认可。

（2）宾客要求破箱取物时，宾客按酒店有关贵重物品保险箱钥匙遗失赔偿规定，赔付相关金额。

（3）开启、拆破保险箱时，应有大堂经理、安全部人员等在场，由工程部人员开箱。

（五）贵重物品丢失的处理

虽然酒店在对宾客贵重物品寄存业务上采取了相关的管理措施，但不能保证住店宾客的贵重物品绝对万无一失。按照国际惯例和有关法律，酒店有责任保护住店宾客的人身和财产安全。如果酒店内发生了宾客在前台寄存的贵重物品遗失或被盗的情况，酒店应负有赔偿责任。但贵重物品一般都价值高且有的难以说清真正价值，如果酒店完全按宾客所说的价值赔偿，那么对酒店也有失公平。

国际酒店协会于1981年11月2日在尼泊尔加德满都通过的《国际酒店法》里，有关在酒店里遗失宾客贵重物品的赔偿规定指出：“如果客人及时得到报告，酒店对贵重物品的赔偿应有合理的限度。”也就是说，酒店对宾客遗失的贵重物品在一定条件下负有赔偿责任，但这种赔偿应当有合理的限度。所以，酒店对宾客贵重物品的赔偿额可确定一个最高赔偿额，这样既维护了宾客的利益，也维护了酒店的利益。

三、贵重物品寄存程序和标准

（一）工作准备

（1）检查贵重物品保险箱使用的有效性。

（2）准备好贵重物品寄存卡（图2-24）、笔。

（3）检查贵重物品保险箱钥匙是否放在指定的地方。

（4）保持贵重物品寄存间的清洁。

贵重物品寄存卡（正面）

酒店名称

兹收到保险箱钥匙________号，并同时声明一切放入保险箱的物品价值不超过人民币××元。

I acknowledge receipt of key to safe deposit Box No. ____, and I declare that the total value of the property to put into the safe deposit box does not exceed RMB ××.

使用保险箱要根据下列条例：

The use of the safe deposit box is subject to the following conditions:

姓名 Name: ________　房号 Room No.　日期 Date: ________

条例：

1. 保险箱只提供给本酒店宾客免费使用。
2. 如遗失或不能交回钥匙时，本人将会付人民币××元。
3. 若退房后××天不能交回此保险箱钥匙，本人授权酒店撬开此保险箱，而不负任何责任。

宾客签名

Guest Signature: ________________

保险箱使用签名核对联（背面）

Safe Deposit Identification Card

宾客签名 Signature	日期 Date	时间 Time	宾客取回钥匙 Key return to guest	经办人 Handled by

取回本人存放于××酒店保险箱内所有物品。

I have got all property stored in the safe deposit box stored by ×× hotel.

宾客签名

Guest Signature: ____________________

日期 Date: ________　经办人 Handled by: ________

图2-24　贵重物品寄存卡

（二）贵重物品寄存程序和标准

贵重物品寄存程序和标准见表2-13。

表2-13 贵重物品寄存程序和标准

程序	标准
问候宾客	• 早上好，中午好，晚上好，欢迎光临。 • 如知道宾客姓名，用姓氏称呼宾客：××先生/女士好。 • 了解宾客需求。
确认宾客身份	请宾客出示房卡和钥匙，证明自己是住店宾客。
介绍保管须知	• 酒店可保管贵重物品的最大金额价值。 • 不宜寄存的物品。 • 保管的期限。
办理寄存手续	• 请宾客填写“贵重物品寄存卡”。 • 选择适当的保险箱。 • 检查宾客填写的寄存卡，保证内容完整、准确。 • 将选择的箱号填写在贵重物品寄存卡相应的栏目。 • 请宾客在“贵重物品寄存卡”签名栏签名。
开启保险箱	• 取出总钥匙和保险箱分钥匙。 • 两把钥匙插进锁孔，打开保险箱。
存放贵重物品	• 将保险箱内盒取出。 • 请宾客自己将贵重物品放入保险箱内盒里。 • 将内盒放回保险箱，锁上保险箱。
交宾客钥匙	• 将宾客保管的钥匙交给宾客。 • 告知宾客保管好钥匙，如丢失，需按酒店规定赔偿。
向宾客道别	• 感谢宾客，预祝宾客在酒店入住愉快。
存放好钥匙和寄存卡	• 将贵重物品总钥匙放在指定位置保存好。 • 将填写好的寄存卡按酒店要求存放在指定位置。

（三）注意事项

（1）开启贵重物品保险箱前一定要核对宾客身份，确保使用保险箱者为住店宾客。

（2）宾客存放物品时，不要以好奇的眼光窥视宾客存放的物品。

（3）两位宾客同时启用一个保险箱时，必须都签名确认。

（4）如果宾客寄存大数额现钞或散放的物品，酒店应提供专用口袋，请宾客将物品放入袋中后封口，并在封口处签名，再存放在保险箱内。

四、贵重物品取拿工作的程序和标准

（一）贵重物品取拿规定

（1）中途存入、取拿贵重物品，只能由开启保险箱的宾客亲自办理，不得由别人替代。

（2）宾客每一次存取贵重物品，必须请其在寄存卡上签名，经确认无误后，才能开箱让宾客存取物品。

（3）每一次开箱后，经办人必须在寄存卡相应栏目填写取拿日期、时间和签名。

（二）工作准备

（1）检查贵重物品保险箱使用的有效性。

（2）准备好已填写的贵重物品寄存卡和笔。

（3）检查贵重物品保险箱钥匙是否放在指定的地方。

（4）保持贵重物品寄存间的清洁。

（三）贵重物品取拿程序和标准

贵重物品取拿程序和标准见表2-14。

表 2-14　贵重物品取拿程序和标准

程序	标准
问候宾客	• 早上好，中午好，晚上好，欢迎光临。 • 如知道宾客姓名，用姓氏称呼宾客：××先生/女士好。 • 了解宾客需求。
检查确认	• 请宾客出示钥匙。 • 根据箱号检索出宾客相应的贵重物品寄存卡。 • 请宾客在寄存卡背面签名。 • 核对签名是否与原签名一样。
开箱存取物品	• 取出开箱总钥匙。 • 用总钥匙和宾客交回的钥匙打开保险箱。 • 将保险箱内存放盒取出交给宾客存取物品。 • 将内盒放回保险箱，锁上保险箱。
交宾客钥匙	• 将宾客保管的钥匙交宾客。 • 提示宾客保管好钥匙。
向宾客道别	• 感谢宾客，预祝宾客在酒店入住愉快。
存放好总钥匙和寄存卡	• 将贵重物品总钥匙放在指定位置保存好。 • 将开箱存取物品的具体时间、日期填写在寄存卡相应的栏目。 • 按酒店要求将寄存卡存放在指定位置。

五、取消贵重物品保险箱服务的程序和标准

（一）注意事项

（1）宾客取消使用保险箱时，须在“已取回本人存放于××酒店保险箱内所有物品”下方宾客签名栏内签字确认。

（2）取消使用的贵重物品寄存卡在酒店至少要保存6个月，以便事后查询。

（二）取消贵重物品保险箱服务的程序和标准

取消贵重物品保险箱服务的程序和标准见表2-15。

表2-15　取消贵重物品保险箱的程序和标准

程序	标准
问候宾客	• 早上好，中午好，晚上好，欢迎光临。 • 如知道宾客姓名，用姓氏称呼宾客：××先生/女士好。 • 了解宾客需求。
检查确认	• 请宾客出示钥匙。 • 根据箱号检索出宾客相应的贵重物品寄存卡。 • 请宾客在寄存卡背面“已取回本人存放于××酒店保险箱内所有物品”下方宾客签名栏签字确认。 • 核对签名是否与原签名一样。
开箱取出物品	• 取出开箱总钥匙。 • 用总钥匙和宾客交回的钥匙打开保险箱 。 • 将保险箱内存放盒取出交给宾客取出物品。 • 检查保险箱内是否有遗留物品，保证宾客取走所有物品。
向宾客道别	• 感谢宾客使用保险箱，欢迎宾客随时再来使用保险箱。
钥匙保管	• 将收回的宾客使用的钥匙及时放入指定的存放柜格里。 • 将贵重物品总钥匙放在指定位置保存好。
寄存卡处理	• 将取消使用保险箱服务的具体时间、日期填写在寄存卡相应的栏目内。 • 按酒店要求将寄存卡存放在指定地方保存。

拓展视野

旅游团贵重物品寄存问题

某旅行团入住某酒店，在寄存物品于前台时，该旅行团导游依惯例负责全团人员物品的统一寄存。这次该团某游客在酒店领取寄存物品时，发现自己寄

存的一件贵重物品丢失，随即向酒店索赔。酒店称，该物品寄存时未作特别声明，酒店有旅行团导游统一寄存物品凭据为证，酒店为无偿保管，自己没有重大过失，不应承担任何赔偿责任，顶多按照一般物品予以赔偿。该游客又转向导游索赔。导游则认为，按照惯例，导游代宾客寄存贵重物品于前台，其所有人通常都会单独向导游声明；故若无宾客的特别声明，导游在代全团游客寄存物品时，不会而且也不可能在统一寄存时向酒店作特别声明，因而自己善意且无过失，不应当承担赔偿责任。该游客认为，统一寄存物品凭据上虽没有声明其中有贵重物品，但该凭据上只有导游签名而没有该游客本人签章，导游在寄存时并未向其说明应声明寄存物中的贵重物品，故该凭据对自己没有约束力，不应由自己承担该物品丢失所造成的损失。纠纷遂起。

本案为贵重物品寄存的问题，涉及《合同法》中有关保管合同和表见代理的规定。那么，该贵重物品丢失的损失究竟应由谁来承担呢？

首先，依据《合同法》规定，保管确有有偿与无偿之分，这两类合同所要求的保管人的注意程度是不同的。有偿保管人义务更重，保管物毁损、灭失时他不能像无偿保管人那样基于自己无重大过失而主张免责。但本案中的保管，属于发生在商业经营类场所的保管，在这类场所中，营业所得的利润已包含了替客人保存物品而应由客人支付的费用，保管实质上并非是无偿的。因此，律师认为，酒店作为保管人不能基于自己无重大过失而主张免责。

其次，本案中寄存物的所有人为游客，但寄存凭据上是导游的签名而非游客的签章。律师认为：游客其实并未授权导游不在该凭据上声明含贵重物品，但依照惯例和当时的具体情形，酒店作为相对人，有理由相信在寄存凭据上签字的行为人——导游有代理权，酒店、导游与游客的关系符合《合同法》第四十九条的规定，属于“没有代理权”的表见代理。因此，该代理行为有效。

再次，由于货币、有价证券或其他贵重物品价值重大，保管人须尽高度谨慎的注意义务，因此《合同法》第三百七十五条规定，寄存人应当事先声明。无论采取何种方式声明，只有足以使保管人知晓，才应当被认定为有效的声明。如在保管人在事先未知晓寄存人之声明的情形下保管物毁损、灭失，保管人可以只按一般物品（这里赔偿标准为“一般物品”标准，即依保管物的外观、按社会一般人的认识标准所能确认的价值）予以赔偿，另一部分损失由寄存人自己承担。从本案来看，寄存物品时酒店的确无从知晓该物为贵重物品。因此，律师认为，就贵重物品丢失的损失，酒店应按一般物品予以赔偿。

最后，按照上述分析，游客作为保管合同的寄存人，应当就该丢失贵重物

品的剩余部分价值自行承担责任。但是，本案中还有一个细节需要注意，导游在统一代为寄存时并未向游客说明应声明寄存物中的贵重物品。从这个细节可以看出，未在寄存凭据上声明贵重物品的原因有二：一是由于游客自身不够谨慎；另一是导游在代理行为中未告知游客该声明义务，导游亦存在主观过错，属于《合同法》第四百零六条规定的“超越权限给委托人造成损失”的情形。故律师认为，由于双方都有过错，应当由导游和游客就该丢失贵重物品剩余部分价值的弥补进行合理分担。

综上，就该贵重物品的丢失，应由本案三方当事人分担责任。律师建议，酒店尽量避免导游依惯例代旅行团团员统一寄存物品，而应让游客自行就物品的寄存直接同酒店订立保管合同。

第三篇

基层管理

前厅部位于酒店最前部的大厅，是整个酒店业务活动的中心。前厅的日常基层管理包括良好宾客关系的建立和质量督导。大堂经理和客务关系主任是酒店建立良好宾客关系的桥梁。质量督导在酒店前厅工作中也是一个关键环节，对前厅工作的成功至关重要。

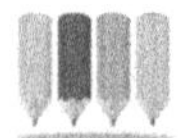

能力目标

1. 能处理酒店的一般突发事件。
2. 能处理宾客投诉。
3. 能建立客史档案。
4. 掌握前厅部对客服务的操作技能。
5. 具备一定的销售技巧、培训技巧和现场督导技巧。

项目一　宾客关系处理

任务一　投诉处理

任务目标

1. 了解有效处理宾客投诉的步骤。
2. 通过处理投诉，增强沟通能力及处理问题的技巧。

案例导入

你明白客人到底在说些什么吗？

一日上午，秋久先生来到前台，前台接待员小张接待了秋久先生。秋久先生表示周日想到青岛会见朋友，不回来住，但想将行李放在房间。

当时只有小张和客人在，故两人协商内容其他人员不得而知。

月末，秋久先生结账，看账单时，大怒，携翻译至大堂副经理处投诉。

秋久先生："××日上午，我到前台，找的那个高个子大眼睛的女孩说过此事。她答应我周日外出后我可以把行李放在房间，而且这天的房费是不收的。但我今天结账，却发现收了我那天的房费……"

对方公司对此事特别不满，认为酒店不讲信用，质疑酒店的服务，要将店内长住客全部搬走。大堂副经理就此事展开调查，问询前台接待员小张。小张说："当日客人确实到过前台，说过他要外宿的事情，因为觉得对方公司是我们酒店的重要客户，就答应了他的要求。而且告诉他，外宿时可以将行李存礼宾处，我们将给他保留房间，等他周一回来时可以住在相同的房间。客人当时听了还很高兴，还以为客人已经明白她说的意思，虽然觉得有点奇怪，也没有深问。"

由于秋久先生认为酒店已经答应他行李可放在房间且不收当日房费，就开开心心地到青岛去玩了。而店方因房间内有行李，客人又是长住客，就很自然地加了一夜的房费。

投诉的原因来自客人和接待员之间的误会。因为这次误会，致使酒店投入了大量的人力、物力、财力才拉回了这一客户，平息了风波。

［分析］　案例中的小张和客人之间产生误会，虽然小张觉得在与客人的交谈中存在疑点，但没有进一步深究，从而引发投诉。

任务布置

1. 以小组为单位，采访本地高星级酒店的大堂副经理。
2. 通过图书馆、网络等途径，分别收集相关的资料。

任务分析

酒店里每天都有可能发生客人投诉，投诉因人而异，因情形而异。投诉是客人对酒店提供的服务设施、设备、项目及行动的结果表示不满而提出的批评、抱怨或控告。酒店投诉管理的目的和宗旨在于减少客人的投诉，以及使因客人的投诉而造成的危害减少到最低程度，最终使客人对投诉处理的结果感到满意。

关键词

大堂副经理

大堂副经理（Assistant Manager）是负责协调酒店对客服务、维持酒店应有的服务水准、代表酒店管理机构与客人直接接触的重要角色。

客务关系主任

客务关系主任（Guest Relation Officer，GRO）是一些高星级酒店设立的专门从事良好宾客关系建立和维护的岗位。客务关系主任直接向大堂经理或酒店值班经理负责。

相关知识

一、投诉的类型

（一）有关设施设备的投诉

这类投诉主要包括空调不灵、照明灯不亮、电梯夹伤宾客、卫生间水龙头损坏等。设施设备出故障，服务态度再好也无法弥补，关键是要尽快解决问题。尽管酒店都建立了对各类设备的保养、检查、维修制度，但这只能相对减少酒店设施设备

的隐患，而不可能杜绝设备故障的发生。处理此类投诉时，应立即通知工程部派人员实地查看，视具体情况采取相应措施；同时，还应在问题解决后再次与宾客联系，以示对宾客的尊重。

（二）有关服务态度的投诉

这类投诉主要包括冷冰冰的接待方式、粗暴的语言、戏弄的行为、过分的热情及不负责任的答复等。减少此类投诉的方法主要是加强服务人员的服务意识，加强服务礼仪的培训。

（三）有关服务和管理质量的投诉

这类投诉主要包括排重房间、叫醒不准时、行李无人搬运、住客在房间受到骚扰、财物在店内丢失、服务不一视同仁等。减少这类投诉的方法是强化服务人员的服务技能和提高酒店的管理水平。

（四）有关酒店相关政策规定的投诉

这类投诉涉及酒店的政策规定，如夜间房费的收取问题、开瓶费的收取问题等。在有些情况下，酒店并没有什么过错，造成投诉的主要原因是宾客对酒店有关政策规定不了解或误解。处理这类投诉时，应给予宾客耐心解释，必要时做灵活和人性化的处理。

（五）有关异常事件的投诉

这类投诉主要包括无法购得机票、车票，城市供电、供水系统障碍，恶劣天气等。这类投诉所涉及的问题酒店也是难以控制的，但宾客希望得到酒店力所能及的帮助和合情合理的解释。

二、正确认识投诉

宾客投诉，往往出于以下原因之一：

（1）酒店的某些设施设备和服务未能达到应有的标准，没有体现“物有所值”。

（2）由于宾客的需求不同、价值标准不同、对问题的看法不一致，而产生不同的感受和看法，或对有些方面存在误解。

（3）宾客在外遭到不公正对待而在酒店宣泄或故意挑剔、无事生非等。

实际上，研究引起投诉的原因并不重要，重要的是对投诉采取何种处理态度。如果处理不当，宾客因不满而离去，真正受损失的是酒店。据统计，在有不满的客人中，96%的客人不愿投诉；91%的不满意客人选择下次不再入住这家酒店；每一个不满意的客人至少会向10个人宣泄，而酒店争取一个新客人比维持一个现有的客人要难得多。

因此，无论宾客因何种原因投诉，酒店都应该予以高度重视，及时调查、处理，尽可能让宾客满意。这是因为正确处理宾客投诉能改善宾客对酒店的印象，体现“宾客至上”的服务宗旨；有利于加强酒店与宾客之间的沟通，有利于争取客源。宾客的投诉又是改进和提高酒店服务质量的重要途径，宾客合理化建议能提高酒店的管理水平，帮助酒店了解市场需求、提高竞争力。所以，酒店各级人员对宾客的投诉应持欢迎的态度，绝对不能与宾客争辩。

三、投诉处理的原则

酒店对投诉应持欢迎态度，将其作为改进对客服务的一个良机。因此，在处理宾客投诉时，应遵循下列原则：

（一）真心诚意帮助宾客

要理解投诉宾客当时的心情，同情其处境，并满怀诚意地帮助宾客解决问题，满足其需求。

（二）绝不与宾客争辩

当宾客怒气冲冲、情绪激动地前来投诉时，前厅服务人员更应该注意礼貌，耐心听取宾客意见，然后对其表示歉意等。前厅服务人员绝不可争强好胜，与宾客发生争执，而应设法将“对”让给宾客。

（三）维护酒店应有的利益

在受理投诉时，要认真听取宾客意见并表示同情，同时注意不要损害酒店的利益，不可随意推卸责任，或者当着宾客的面贬低酒店其他部门的服务人员。应当清楚：除非宾客物品因酒店原因遗失或损坏应给予相应的赔偿，退款或减少收费等措施不是处理投诉的最佳方法。对于绝大多数的投诉，酒店应通过面对面的额外服务，给宾客更多的体贴、关心、照顾来解决。

四、处理宾客投诉的程序

（一）认真听取宾客的意见

可以通过提问等方式来弄清问题。集中注意力听取对方的意见能节约对话的时间。

（二）保持冷静

在处理投诉时，宾客总是有理的。不要反驳宾客的意见，不要与宾客争辩。为了不影响其他宾客，最好个别地听取宾客的投诉，私下交谈容易使宾客平静下来。

（三）表示同情

应设身处地地考虑分析问题，对宾客的感受要表示理解，用适当的语言给宾客

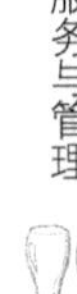

以安慰，如“谢谢您告诉我这件事”“对于发生这类事件我感到很遗憾”“我完全理解您的心情”等。因为此时尚未核实宾客的投诉，所以只能对宾客表示理解与同情，不能肯定是酒店的过错。

（四）给予关心

不应该对宾客的投诉采取“大事化小，小事化了”的态度，应该用“这件事发生在您身上，我感到十分抱歉”等此类语言来表示对投诉宾客的关心。在与宾客交谈的过程中，注意用姓氏礼貌地称呼对方。

（五）不转移目标

将注意力集中在宾客提出的问题上，不随便引申，不嫁祸于人，不推卸责任。绝不能怪罪宾客。

（六）记录要点

将宾客投诉的要点记录下来，这样不但可以使宾客讲话的速度放慢，缓和宾客的情绪，还可以使宾客确信，酒店对他反映的问题是重视的。此外，记录的资料可以作为解决问题的依据。

（七）告知宾客将采取的措施并征得宾客的同意

如有可能，可请宾客选择解决问题的方案或补救措施。绝对不能对宾客表示由于自己权限有限，无能为力，但也千万不要向宾客作不切实际的许诺。

（八）将解决问题所需要的时间告诉宾客

要充分估计解决问题所需要的时间；最好能告诉宾客具体的时间，不可含糊其辞。切忌低估解决问题的时间。

（九）采取行动，解决问题

这是最关键的一环。如果所采取的行动与对宾客的许诺不一致，那么宾客的投诉不可能得到妥善的处理，服务人员还将面对两个新问题的出现：其一，对原先的问题，宾客第二次提出投诉；其二，对酒店服务人员的工作效率，宾客表示失望。所以，为了不使问题进一步复杂化，为了节约时间，为了不失信于宾客，必须认真抓好这一环节的工作。在解决问题的过程中如发生意外情况，应及时告诉宾客。

（十）检查落实

与宾客联系，检查核实宾客的投诉是否已圆满解决。

（十一）记录存档

将整个过程写成报告并存档。正确受理宾客的投诉有利于改善酒店与宾客的关系，及时了解酒店的不足之处，避免类似的过失重复发生，达到改进与提高酒店管理和服务水平的目的。

五、投诉的预测和防范

如果客人大量投诉，就会降低和损害酒店的声誉，从而影响酒店的经营活动及经营效益。为此，酒店应在营运管理中注意易投诉的环节，掌握满足客人要求的方法和技巧，并采取相应的预防措施，具体如下：

（1）加强与客人的沟通。酒店应在前台、客房和餐台提供客人意见表，搜集客人书面的投诉及建议，并定期进行市场调查、新客源及丢失客源调查等。通过加强与客人的沟通可以扩大了解投诉的渠道，最大限度地及时掌握客人的满意程度，缩小客人投诉态势的发展，增强改进工作的主动性。

（2）注意改善服务质量。可以通过加强服务人员的思想教育、业务及技能培训，使其增强礼貌修养，改进服务态度，提高工作责任心，最终提高服务质量和工作效率。

（3）加强设备设施管理，注重酒店产品的质量。要建立完善的管理体制，具体制定有关设备设施的管理、维修、保养，以及酒店产品质量控制的方案、计划；同时，还要不断提高工程维修人员的技术及技能水准，保证维修质量，加强酒店产品的质量控制，并实施定期的监督和检查。

（4）搞好酒店的安全控制，即做好酒店内各部位消防、治安的监督和控制工作，制定严格的规章制度，采取各种控制手段，避免火灾的发生，维护好酒店的治安环境，从而保障住店客人的人身及财产安全。

（5）建立客人投诉档案。可以通过大堂副经理日志等形式记载投诉情况，并定期由专人整理，形成酒店全面质量管理的依据，以便做好总结、反思工作，防止此类投诉再次发生。

六、正确理解“客人永远是对的”

评判一件投诉处理结果的好坏，站在不同的角度，标准是不同的：往往是宾客对结果满意而酒店承受了重大损失；反之亦然。因此，处理投诉理想与否，主要看双方满意程度。应该说投诉的处理没有固定的模式和方法，而应该根据不同对象、不同时间、不同地点、不同内容、不满的程度等，采取恰如其分的措施和解决方法，力争达到双方都能接受的程度。

酒店服务业有一种约定俗成的说法：“客人总是对的。”这句话有两层含义：第一，客人永远是对的；第二，如果客人是错的，请参照第一。

这是酒店服务观念上的一种境界。但是，在具体处理宾客投诉时，不应机械地、教条地去理解执行，还必须认真分析问题，辨别是非，妥善处理。一方面要为

宾客排忧解难，为宾客的利益着想；另一方面不可在未弄清事实前或不是酒店错误的情况下，轻易承认宾客对具体事实的陈述，讨好客人，轻易表态，给酒店造成声誉和经济上的损失。

在一般情况下，在一些非原则或非重大问题上，酒店与宾客之间产生的纠纷，酒店应该礼让三分，主动而积极地改善与宾客的关系。所以，对于“客人总是对的”，应该这样认为：它强调的是一种无条件为宾客服务的思想观念：第一，“客人总是对的”是指一般情况下，客人总是对的，无理取闹、无中生有者是极少数；第二，“客人总是对的”是因为“客人就是上帝”；第三，“客人总是对的”并不意味着“员工总是错的”，而是要求员工把“对”让给客人；第四，“客人总是对的”意味着酒店管理人员还必须尊重员工，理解员工。

拓展视野

国外客人对我国酒店常见的投诉

我国酒店与国际先进酒店业相比，在硬件方面和软件方面都有一定的差距，常常引起国际旅游者的投诉。此外，由于东西方文化的差异，以及我国很多酒店从业人员缺乏酒店服务意识，也常常引起外国客人的投诉。

1. 酒店内公共洗手间的清扫员不分性别

男洗手间应由男清洁工来清扫。我国许多酒店都是由上了年纪的女士在搞清洁卫生，许多外国人不习惯，有的甚至吓得退了出来。

2. 闭路电视节目单不准确，无法收看

一是节目单是中文的，国外的游客看不懂；二是即使是英文的，游客按制定的频道，根本不是这个节目，或者根本没有节目，希望每天能为客人调整到位。有的酒店有两条闭路电视，最好一条能放英文的，以满足国外客人的需要。

3. 客房没有冰块供应

美国人冬天要吃冰块，更不要说夏天了，希望客房里能有冰块供应，至少在大堂里应该有。这是美国人的基本生活需要。这与中国人爱喝茶是一样的。

4. 卫生间及卧室有“毛发”

客人走进给他安排的房间，如果发现毛发那是不能容忍的，将会认为“极不卫生”。但是很多酒店对此并不在乎，枕头上、被子上、地毯上、浴缸边经常见到。

5. 酒店没有无烟区和无烟客房

西方国家的公共环境里很少有抽烟的。希望中国的酒店在大厅和餐厅里专门辟出一块无烟区。有的客房一进门，一股残留的烟味便扑面而来，让人无法忍受，只能换房。

6. 商务客房多灯光暗淡

许多公司商务代表每天需要办公到深夜，但许多商务客房的灯光暗淡。

7. 酒店工作人员大声喧哗

在酒店内的任何地方，服务人员讲话都要注意轻声，切忌大声喧哗。服务人员在酒店里大嗓门讲话，给客人留下了不文明的印象，也影响到客人的情绪。

8. 电话收费问题

电话结账收费要及时。客人早走，电话账单不到，是酒店的损失；如果账单晚到，又会给同客房的宾客增加客账的麻烦。

9. 酒店服务缺乏明确的时间概念

酒店员工的时间观念要强。酒店一切服务都应有明确的时间概念。若贻误时间，则尤其会让客人非常恼火。

任务二 客史档案建立

任务目标

1. 掌握客史档案的内容。
2. 了解客史档案建立的重要性。

案例导入

给客人的生日惊喜

3 月 22 日某酒店接到一位 VIP 客人的晚餐预订，酒店餐厅领班按照惯例根据 VIP 客史档案排菜单时，发现今天是这位 VIP 客人的生日。餐厅领班根据平日的工作经验预知今天晚上应该是生日聚会，于是立刻将信息告知餐厅主管；在主管领导的安排下，将客人预订的厅房日常使用的白桌布、白席巾全部换成了鲜艳、喜庆的红桌布、红席巾，并通知厨房精心准备了寿桃。下午 16：00 又接到电话通知晚餐因客人临时有事取消了，但晚上会使用俱乐部，餐厅员工们并没有因客

人取消预订而闹情绪，他们利用自己的休息时间提前精心布置了俱乐部；碟机里放好了生日歌的碟片、墙上贴满了粉红色的气球……营造了温馨的气氛，耐心等待 VIP 客人的到来。

当 VIP 客人走进俱乐部的那一刻，"祝你生日快乐，祝你生日快乐……"碟机里的《生日快乐歌》开始播放。"祝你生日快乐，祝你生日快乐……"服务员们同时也唱了起来，"祝您生日快乐，祝您身体健康，祝您工作顺利！"餐厅的主管和领班们一边说祝福语，一边将提前准备好的寿桃和点燃蜡烛的蛋糕放在了 VIP 客人的面前。此时这位客人激动得一句话都说不出来，双手相扣，对大家表示感谢，眼里已是热泪盈眶。

[分析]　客史档案的有效运用能为服务加分，使普通的常规服务变成超常优质服务，赢得了客人的表扬。因此，在酒店中，建立客史档案，注重客史档案的资料收集与管理，对为客人提供"满意 + 惊喜"的服务是十分重要的。

任务布置

1. 通过图书馆、网络等途径，分别收集相关资料。
2. 分小组到本地高星级酒店调研客史资料的相关内容。

任务分析

客史档案又称客人档案，是酒店在对客服务过程中对客人的自然情况、消费行为、信用状况、癖好和期望等做的历史记录。建立客史档案是酒店了解客人、掌握客人的需求特点，从而为客人提供针对性服务的重要途径。客史档案是一个珍贵的工具。建立客史档案对改善酒店的服务质量、提高酒店的经营水平具有重要意义。

关键词

客史档案

客史档案（Guest History File）是客人离店后，前台人员将客人的有关资料记录下来并加以保存而形成的文档。客史档案是酒店极富价值的资料，有利于对宾客提供针对性、个性化的服务，以及开展市场调研，以巩固和稳定客源市场。

相关知识

一、建立客史档案的意义

（一）有助于酒店了解客人，掌握客人的需求特点

服务的规范化、标准化是保障酒店服务质量的基础，而个性化服务则是服务质量的灵魂。这就要求酒店与时俱进，为顾客创造更加温馨、富有人情味的消费环境和空间。客史档案是酒店客户关系管理系统的重要组成部分，而客户关系管理系统的作用就在于通过对客户信息的深入分析，全面了解客户的爱好和个性化需要，开发出“量身定制”的产品，大大提高客人的满意度。

（二）有助于酒店搞好市场营销，争取回头客

建立客史档案有助于酒店做好有针对性的促销工作，与客人保持良好、稳定的关系，争取更多的回头客，培养忠诚顾客。这体现在，一方面可以降低酒店开拓新市场的压力和投入；另一方面，由于忠诚客户对酒店产品、服务环境熟悉，具有信任感，因此他们的综合消费支出也就比新客户更高，而且客户忠诚度越高，保持忠诚的时间越长，酒店的收益也就越好。

（三）有助于提高酒店经营管理水平

建立客史档案有助于酒店研究客源市场动态，不断改进酒店产品与服务质量，提高经营管理水平。任何一家酒店都应有自己的目标市场，通过最大限度地满足目标市场的需要来赢得客人。这就需要酒店通过客史档案的搜集来了解目标市场的范围和客人的需要，为酒店今后的发展指明道路，因此也提高了酒店的经营管理水平。

二、客史档案的内容

（一）常规档案

常规档案主要包括客人的姓名、性别、年龄、出生年月、通信地址、电话号码、公司名称、职务头衔等。建立常规档案有利于了解目标市场客人的基本情况，真正明确“谁是我们的客人”。

（二）预订档案

预订档案主要包括预订方式、预订时间、预订种类、预订单位、联系人等。预订档案有助于酒店选择销售渠道，以做好有针对性的促销工作。

（三）消费档案

消费档案主要包括客房类型、房价、餐费及在其他项目上的消费，客人的信用程度、账号、喜欢使用的设施等，从而使酒店了解客人的消费水平、支付能力及信用情况、消费倾向等。

（四）习俗、爱好档案

习俗、爱好档案主要包括客人的爱好、生活习惯、宗教信仰、禁忌、住店期间的额外特殊要求等，有助于为客人提供有针对性的“个性化”服务。

（五）反馈意见档案

反馈意见档案主要包括客人住店期间反映的意见、建议，提出的表扬、投诉及其处理结果等，以加强沟通，做好针对性服务。

三、客史档案的建立程序和标准

客史档案的建立程序和标准见表3-1。

表3-1　建立宾客档案的程序和标准

程序	标准
核对前日宾客离店单	按登记单上的姓名，在计算机中将客史档案调出，逐项核对，包括姓名、性别、国籍、出生日期、证件号码、公司名称。外籍人士如有中文名或需特别提示的信息，也要输入客史档案中。
输入并整理宾客特殊要求	将客务关系主任、大堂副经理及各部门收集的宾客喜好、意见和建议进行整理、归纳、筛选。 将整理、筛选后的宾客意见输入客史档案中。
核对次日预计进店的宾客档案	打印出次日预计进店宾客报告。 按姓名顺序一一查看客史档案中的记录，将过期的信息删除、重复的信息合并，重新整理清楚。

四、客史档案资料的收集与管理

（一）客史档案的收集

（1）前台通过预订单、办理入住登记、退房结账等方式收集有关信息。

（2）大堂副经理每天拜访客人，了解记录客人的服务需求和对酒店的评价；接收并处理客人投诉，分析并记录投诉产生的原因、处理经过及客人对投诉处理结果的满意程度。

（3）客房、餐饮、康乐、营销等服务部门的全体员工主动与客人交流，对客人反映的意见、建议和特殊需求认真记录，并及时反馈。

（4）酒店有关部门及时收集客人在报刊、电台、电视台等媒体上发表的有关酒店服务与管理、声誉与形象等方面的评价。

（二）客史档案的管理

1. 分类管理

客史档案通常在客人离店后，由接待处输入建档，由预订处分类保管。为了避免客史档案的散失，使其便于管理和使用，应分类存放客史档案。

客史档案可按国外客人、国内客人、港澳台客人分为三大类，也可作更详细的分类。每一类可用英文字母或汉语拼音等方法逐项排列。经过归类整理和存放的客史档案是客史档案有效运行的基础和保证。

2. 有效运行

建立客史档案的目的之一是为了了解客人的需求信息，所以客史档案建立之后不能封闭和闲置起来，而应在接待服务中发挥作用。

当客人重新预订酒店客房时，可直接调用其以往客史，打印客史档案卡，与其他资料一起存放在其订房资料中，并按时传递给前台接待员。接待员根据客史档案卡提供的需求信息做好接待服务工作。客人离店后，将客人的客史档案再次输入新的内容，重新存放起来。

在客史档案的运行中，要防止丢失和错用，还要注意搜集新的信息资料，使客史档案的内容不断得到补充。

3. 定期清理

为了充分发挥客史档案的作用，酒店每年应系统地将客史档案进行 1 或 2 次的检查和整理，检查存放顺序有无错误，并整理和删除过期档案。

对于过期档案的处理，各酒店的规定不尽相同。值得借鉴的是，在删除客人档案前，可给客人寄一份“优惠住房卡”，以唤起客人对曾经住过的酒店的美好回忆，做最后一次促销努力。

五、客史档案管理中须注意的问题

（一）树立全店的档案意识

客史档案信息来源于日常的对客服务细节中，绝不是少数管理者在办公室内就能得到的资源。它需要酒店全体员工高度重视，在对客服务的同时有意识地去收集，因此酒店在日常管理、业务培训中应向员工不断灌输“以客户为中心”的经营理念，宣传客史档案的重要性，培养员工的档案意识，形成人人关注、人人参与收集客户信息的良好氛围。

（二）建立科学的客户信息制度

客户信息的收集、分析应成为酒店日常工作的重要内容，应在服务程序中将客户信息的收集、分析工作予以制度化、规范化，如可规定每月高层管理者最少接触5名顾客，中层管理者最少接触15名顾客以了解客户需求，普通员工每天应提供2条以上客史信息等。以班组为单位，建立客户信息分析会议制度，每个员工参与，根据自身观察到的情况，对客人的消费习惯、爱好做出评价，形成有用的客史档案。

（三）形成计算机化管理

随着酒店经营的发展，客史档案的数量将越来越多，光靠人工管理是非常困难的。因此客史档案的管理必须纳入到计算机管理系统中。同时，需要具备以下功能：

第一，及时显示功能。在酒店每个服务终端，一旦客户输入数据，系统能够立即自动显示客人的相关信息资料，为对客接待提供依据。

第二，检索功能。计算机检索是档案信息现代化的标志之一。客史档案要便于随时补充、更改和查询。

第三，信息共享功能。客史档案要发挥作用，必须实现酒店各部门之间的快速传递。通过酒店计算机管理系统达到客史档案的资源共享功能，是客史档案管理的基本要求。

（四）利用客史档案开展经营服务的常规化

酒店营销部门、公关部门应根据客史档案所提供的资料，加强与VIP客户、回头客、长期协作单位之间的沟通和联系，使之成为一项日常性的常规工作。如通过经常性的回访、入住后征询意见、客户生日时赠送鲜花、节日期间邮寄一张贺卡、酒店主题活动、新产品推出时邮寄宣传资料等方式，都能拉近酒店与客户之间的关系，让客人感到亲切和尊重，客人的忠诚度也会得到极大的提高，这样客户即使偶尔对酒店的服务有意见，也不会轻易弃之而去。

拓展视野

里兹酒店集团已经建立了近100万份客人的个人档案，当客人再次入住该集团的任何一家成员酒店，该酒店都可以迅速从信息中心调取其资料，从而提供客人所需要的服务。

项目二　前厅质量督导

任务一　服务质量控制

任务目标

1. 掌握前厅员工应具备的现场控制技巧。
2. 掌握前厅服务质量的内容及标准。
3. 掌握基层管理人员相应的管理能力。

案例导入

住不起房的年轻人

一个傍晚，某五星级酒店大堂的前台接待员小赵正在值班。这时她看到一个外国青年背着一个很大的背包朝酒店大门走来。他进入大堂，看了看四周，又看看自己很脏的旅游鞋，他停住了脚步。犹豫了一会儿，他还是走到了总台："请问，这儿有比较廉价的房间吗?"说完，还未等小赵回答，他又说道："我想你们这边一定没有我要的那种房间了。"听完该青年的话，小赵友好地对他说："也许我们酒店没有您需要的房间，但是我们还有另外一家酒店。"听到这里，青年充满希望地问："那么单人间住一晚要多少钱?""大概200多元，您觉得怎么样?"青年脸上露出一丝为难，说："我是一个穷留学生，要住好几天，这个房价恐怕还是偏高，我看算了。"说着就往外面走去。看着外面的天色已晚，客人又是一个人生地不熟的外国客人，要找一个廉价的住处，太不容易了。小赵想了想，追了上去，"请等一等，我知道这附近小巷里有一家不错的青年旅馆，单人间的房价在60元左右，如果您愿意，我可以立即派一名行李员带您过去。"青年听到这个消息，脸上立刻露出了笑容："真是太好了！太感谢你了。我以后一定给你个惊喜。"小赵又说："不必客气，能给您提供帮助我感到很荣幸，再说这些都是我应该做的。"

几周后的一天，酒店总台来了一老一少两个外宾。正在值班的小赵惊奇地发

现那个年轻的外宾正是那天的那个穷留学生，但是今天他一身整齐的西装，与那天的情况完全不同。见到小赵，年轻的外宾说："谢谢你，那天要不是你，我可能要流落街头了。这是我父亲，他在中国有一家不错的药品分公司，不过我还是靠自己打工留学的。正好过几天我父亲的公司有一个为期三天的重要会议要召开。我向他介绍了你们酒店，今天过来看看，同时要把公司的会议安排在这边。我父亲说了如果这次的感觉好，以后有活动都可以放在这边。"

听了年轻外宾的一番话，小赵为自己能给酒店拉到一个大客户感到高兴，连忙说："谢谢你们如此的关照，同时我代表酒店感谢你们的信任，我们一定会尽全力做得让你们满意。"

任务布置

1. 以小组为单位对本地三家不同星级的酒店大堂进行模拟现场检查，找出服务质量和管理上的问题并记录下来。

2. 按组编写质量报告，用 PPT 形式汇报。

任务分析

酒店服务是酒店作为一个生产型企业，向宾客提供的一种具有特殊使用价值的劳务产品。它是综合性的概念，是有形的设施设备和无形服务的结合。与其他实物产品相比，酒店服务具有的特点包括：综合性、不可储存性、生产和消费的同一性、质量的不确定性、对员工素质的依赖性。前厅部位于酒店最前部的大厅，是整个酒店业务活动的中心。

现场的走动管理可以深入到服务的各个环节，需要及时发现和改进存在的问题。

关键词

酒店服务质量

酒店服务质量：酒店所提供的服务产品在使用价值上满足宾客和社会需要的程度。从本质上讲，酒店服务质量是产品的使用价值满足宾客需求的程度。适合和满足宾客需求的程度越高，则服务质量越好；反之，服务质量就越差。

关键词

现场控制

现场控制：监督现场正在进行的服务，使其规范化、程序化，并迅速妥善地处理意外事件，这是前厅经理和主管的主要职责之一。具体内容包括：服务程序的控制；大堂气氛的控制；意外事件的控制；人力控制。

相关知识

一、前厅服务质量的内涵和特征

（一）前厅服务质量内涵

酒店前厅部是酒店服务的窗口。作为给客人留下最初及最后印象的服务部门，员工的精神面貌、工作能力、服务技巧及服务态度等因素都直接影响着整个酒店的经济效益和社会效益。前厅部作为酒店的窗口，直接代表了酒店的形象。不仅如此，前厅部还承担了酒店的大量工作，其重要性不言而喻。只有提供高效和优质的服务，才能让宾客感到满意。提高酒店服务质量，可以增加宾客的满意度，并促进酒店经营的良性发展、增强酒店的竞争优势。

前厅服务质量的内涵包活两个层次：

1. 前厅服务质量是一个过程质量

“过程”可以定义为一系列组织活动，这些活动结合在一起，产生出对宾客有价值的结果。在这个过程里，前厅部要不断完善服务的整个过程的流畅性和完美性，使宾客在进入酒店的过程中，体会到前厅服务整个过程的完美，进而满足客人的物质和精神需要。

2. 前厅服务质量是一个全面质量

宾客来到酒店享受服务的过程中会涉及前厅部的多个岗位、部门或领域，所以必须用全面的观点来理解酒店质量。客人从接触酒店总机预订客房，到客人来到酒店，迎宾员在门口迎接，到总台登记，行李员帮助拎行李，以及在住店期间，客人到商务中心处理公务，会接触前厅几乎所有的岗位，因此前厅服务质量是一个全面质量。

（二）前厅服务质量的特征

1. 具有口碑效应

通俗地说：“如果客人认为不行，我们说行，那么我们就输了；如果客人认

为行，那么我们就赢了。”因此，宾客的评价才是最权威的。

客人选择酒店时，一般会根据自己接受的信息做出决定，这些信息来源包括酒店的广告宣传、亲戚朋友的介绍等。一般来说，后者的影响力大于前者。这就要求酒店不断提高服务质量，树立良好的社会形象。这样不仅能吸引客人多次光临，还可利用客人的口碑为酒店进行免费推销，增强客人对酒店的信心，从而提高酒店的竞争力。

酒店的消费者根据自身的需要或期望，对酒店的服务质量进行评判。当宾客的口味改变或提高以后，酒店自身的服务质量应随之改变或提高。服务质量的提高，可以提供比竞争者更多的价值，获得更多的市场份额，并可为每个员工提供良好的发展和工作环境。

2. 具有波动性

服务质量的评判具有很强的主观性。服务产品质量的好坏最终是由客人做出评价的，不同客人对服务有不同的期待，对统一服务也会有不同的感受和评价；即使同一客人对同一服务在不同的时间、场合和不同的心情下，也会做出不同的评价。正是由于服务产品质量评价的这种主观性和不确定性，要求酒店工作人员必须具有灵活性，在提供服务时要因人而异，见机行事，不可墨守成规。这也是熟练的酒店工作人员与新手之间的差别。有经验的酒店工作人员总是能够针对不同的客人，在不同的时间、不同的场合说不同的话，提供不同的服务；而缺乏经验的新手则往往照搬服务规程、标准，缺乏灵活性。

二、前厅服务质量标准

前厅部服务质量标准通常包括前厅各项服务程序、服务时限、必需的设施设备、员工应有的工作态度及工作状态等。

1. 服务程序

前厅部服务程序即为各项基本服务的正确操作规程和操作步骤，比如，预订业务、门口迎送业务、行李业务、电话总机、商务中心等。服务程序规范服务人员的服务行为，确保客人无论何时入住酒店都能享受到同等的服务和接待。

国内外绝大多数酒店管理集团属下的所有酒店都使用统一的服务质量标准，其服务程序保证客人无论下榻全球哪一家酒店都能得到同样的服务，享受到该集团酒店同样的热情与微笑。而有一些连锁酒店，会因为管理者更换而更换服务质量标准，这对酒店的长远发展是很不利的。

2. 服务时限

客人经过一段时间的长途跋涉，到达酒店的时候迫切需要休息，他们渴望服务人员能为自己提供迅速、快捷的服务，使他们顺利进入客房休息。因此，前厅服务时间的长短就成为衡量服务效率和质量的重要标准。例如，为客人办理入住登记手续的时间为三分钟，结账离店手续为四分钟……但是，管理者不能脱离员工的实际业务能力而片面追求服务时限，而是应要求员工在保证服务成功率的前提下，尽可能地在规定时间内准确、成功地完成对客服务。

3. 服务设施与设备

服务设施与设备是保证前厅部向客人成功、高效地提供全面服务的基础，其包括直接供客人使用的，以及服务人员用以向客人提供服务的。比如，总台依靠现代化的高端设备，为客人办理入住登记手续时间、结账离店手续时间可以大大提高，客人也会非常满意。如果酒店使用的计算机系统落后，程序编制上有很多漏洞，甚至房费计算不能自动追加，而是要靠手动操作，处理数据速度缓慢，那么员工就无法高效地完成对客服务，客人也就不可能对服务质量有好的评价。因此，在服务质量标准中必须明确规定所提供的设施设备必须完好有效，满足在规定时限内完成规定服务程序的要求，保障对客服务的高效完成。

4. 服务态度

酒店服务产品多是无形的服务，产品质量在很大程度上取决于客人的主观感受，而客人的心理活动是很微妙的、不确定的。因此。服务人员对待客人的态度和情感投入，对客人对服务质量的感知有很大的影响。影响客人对服务质量感知的员工礼节礼貌、服务语言、精神状态等因素，都应在服务质量标准规范中加以明确。

三、前厅服务质量控制

（一）特点

1. 全方位

前厅部的每一个岗位都涉及前厅部的服务质量管理。

2. 全过程

前厅部的每一个岗位的每一项工作，从开始到结束，从客人抵店前到离店后，都要进行服务质量管理。

3. 全员参与

前厅部的全体员工都要参与前厅部的服务质量管理。

（二）任务

（1）实施服务质量控制所要涉及的一系列程序化工作，如建立服务质量控制的组织机构、制定服务标准、实施检查处理、对存在的服务质量问题进行分

析等。

（2）前厅部各岗位具体的服务质量控制体系，也就是把第一方面的内容落实到每一个岗位的具体工作中去。

（3）建立严格的操作规范。在前厅部各项工作中，将服务人员重复性的操作行为予以规范，并进一步制度化，是前厅部服务质量控制的关键。由于前厅服务工作多以手工操作为主，灵活性较强，不同客人存在不同的需求，因此，规范前厅服务员的操作主要有两个重要意义：第一，把规范化的服务标准上升为制度，从而在很大程度上消除前厅服务员因个人主观臆断而造成的操作随意性；第二，有利于前厅服务员在今后的工作实践中不断地进行自我完善和提高，以规范前厅服务员的操作行为，进而达到制度化。其本身就是一个不断完善的发展过程，并最终形成服务人员共同遵循的行为标准。规范、制度的完善包括前厅部各岗位员工在提供前厅服务过程中每一项具体的操作步骤、要求、各类管理表格、工作质量原始记录、反馈意见、分析总结和修订实施等内容。

四、提高前厅部服务质量的途径

前厅部服务质量是酒店生存发展的基础。酒店之间的竞争本质上是服务质量的竞争，因此提高酒店服务质量、以质量求效益是每家酒店发展的必经之路，也是所有酒店管理者共同努力的目标和日常管理的核心部分。

（一）做好前厅部员工的待客礼貌培训，树立正确的服务观念

酒店业属于“好客业”，而前厅部是酒店迎送客人的地方，与客人直接接触的机会最多，同时也是给客人留下第一印象和最后印象的地方。服务意识是员工素质好坏的标志，也是酒店软件建设的关键。因此，为提供高质量的前厅服务，做好前厅部员工的待客礼貌培训、培养员工的服务意识、树立正确的服务观念是关键的环节。

1. 提高和强化员工的服务意识

培养员工的服务意识要强化训练，形成条件反射，增强应变能力，并且要用激励的方法巩固员工的服务意识。比如，客人问“今天标准间有空房吗”时，接待员应一口气和盘托出，而不是敲一下计算机才能报出；再问，再敲一下计算机。总机话务员接听电话时，虽然一气呵成、轻车熟路地完成电话接听，但语音太低，有气无力，显得不热情。客人最恼火的就是这类员工。这些业务不精而导致办事拖拉、不利索的表现，是应该而且能够通过培训提高的。

2. 培养服务感知

服务感知是员工在服务过程中的心理活动过程，涉及对服务的把握和对服务

本质的理解，是服务人员生动直观的感性认识。然而，不是每个感觉到需要提供服务的员工都懂得如何去服务，这就需要管理者去培训他们的服务感知。

（1）培养服务感知必须从大量的工作经验开始。大量的工作经验储存为更好地接受培训打下了基础。

（2）必须激发服务员的需要和动机。有些服务员认为酒店的荣誉与自己无关，只要完成自己的工作任务就行了。要改变这种状况，就要激发员工的主人翁意识，培养团队精神和对酒店的归属感。

（3）要端正员工的对客情绪和情感。只有在客人得到充分尊重的情况下，整个服务过程才算是真正成功，才会让客人满意。不仅如此，现在对服务提出了更高的要求：要将客人当作自己的亲人和朋友，使客人的情绪、喜好得到满足，即提供个性化服务，也是高服务感知的体现。

3. 态度真诚

服务态度是服务人员在对客服务中所体现出来的意愿和心理状态，通俗地讲，就是心里怎么想的。服务必须发自内心；否则，再多的培训、再深的理论和再好的激励都无济于事。最佳服务首先要突出“真诚”二字，要建立感情服务，避免单纯性服务。前厅部有许多服务质量差的现象发生，大部分都是由于服务人员的态度不好造成的。前厅部的每一位服务人员都要调整好自己的心态，把酒店的客人当成自己请来的客人，始终站在客人的角度，替客人着想，这是提供优良服务的秘诀。要知道，酒店在客人心目中的形象是由每天直接接触他们的最普通的员工塑造的。

4. 效率服务

效率服务就是快速而准确的服务。优良服务还要突出快而准的服务，即服务动作要快而敏捷，服务程序要准确无误。前厅服务的接待、结账、行李等服务都需要一定的时间，因此前厅服务人员要提前做好充分准备，在服务过程中尽量不使客人烦恼，操作要快、准、稳。比如，希尔顿酒店对前台接待员的服务质量要求是：热情周到，客人住宿登记表的各栏目填写准确无误，所用时间为 2 分钟。采用计算机等先进的科学技术手段，也能满足客人便捷高效的服务需求。

5. 服务到位

在对客服务中要严格按照规范和程序进行，力求做到一丝不苟，环环到位，恰到好处。前厅服务，首先必须是规范服务，也是一个常规性的服务，这是基础。只有在规范的基础上，才可能发展、延伸到个性服务、超常服务等。服务要到位，首先必须规范到位。不降低标准、不漏项、不马虎草率，也不要错位。还要礼貌到位、卫生到位、设备设施到位等。这些在前厅服务中运用时，要在规范

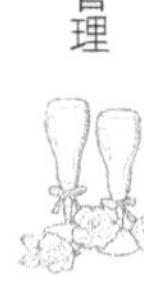

的基础上注意灵活把握，但不要缺漏。

6. 瞬间服务

在进入酒店的客人与服务人员互相接触的有效时间内，服务人员在每一个瞬间提供给客人的是一种规范的、个性化的、卓越的服务，而这种短时间内在客人内心深处引发触动的服务，就称为瞬间服务。

（1）敏锐的洞察力是做好瞬间服务的前提。作为一名优秀的前厅部服务人员，首先要会用敏锐的眼光去观察，也就是通常所说的“瞧出门道”。“眼睛是心灵的窗户”，因此，要在与客人眼神交流的瞬间，去洞察其内心世界，在最短的时间内观察客人的外表、声音、举止，揣测出客人的心理，推断出客人内心希望得到什么样的服务。

（2）迅捷的行动是做好瞬间服务的关键。通过观察、分析、推断之后，服务员就要在脑海中形成下一步服务的方案，并在最短的时间内，用迅捷的行动完成下一个瞬间服务。

（3）广博的知识面是做好瞬间服务的基石。当客人在住宿期间，询问当地风土人情、旅游、交通、文化娱乐等方面的内容时，服务员如果一无所知，或借故避而不谈，这样不但显露出员工知识面的狭窄，还会影响到服务人员正确地通过细节来判断客人，从而不能推断客人下一步想得到什么样的服务。没有广博的知识面也就不能正确推断客人的真正需求是什么，潜在需求是什么，因此，就无法准确地为客人提供能够让客人产生“思想”的瞬间服务，所以说应让自己成为一名知识面广博的员工，让广博的知识为服务插上双翼，提高悟性和服务意识，以及观察分析问题的能力，让每一个精彩的瞬间服务为客人创造“思想”、制造“惊喜”。

（4）说话的艺术是做好瞬间服务的催化剂。在为客人提供瞬间服务的过程中，服务员不仅要有眼神、微笑、动作，而且还要配以得体的语言。要多说欢迎语和祝福语：一句简单的“Welcome to our hotel”，能使客人在异国他乡备感亲切；再来一句“Wish you a most pleasant stay in our hotel”，可以使客人立马放松身心，乐于沟通。同时，在说话时要考虑不同的主体，不同的场景、场合，说话者的身份、年龄、性别、性格、气质、职业、趣味、胸襟、气度等，从而采用不同的风格。说话的语言风格往往是多种风格的综合，一般以平实为主，再加上幽默、含蓄、庄重、华丽的辞藻等一系列风格，达到一个崭新的境界，使瞬间服务因有了客人最乐意接受的说话方式而更精彩，从而用得体的语言提升客人对瞬间服务的满意度。

（5）独具匠心的个性是做好瞬间服务的升华。在前厅服务中，无论是一个服务团队，还是一个服务个体，在经过独具匠心的设计后，为客人进行量身定制的个性化服务，在某一个瞬间展现在客人的视野中时，可以想象客人在感受到服务的那一瞬间所说的话语、所表露出的神情，一定是员工最想听的和最想看的。因为在那一瞬间，前厅服务超越了客人的想象，也使前厅服务在瞬间得到了升华，但这瞬间服务效果的出现离不开每个服务人员独具匠心的设计。服务员具备了广博的知识面，加之在接待客人时，通过观察、了解，按照自己的个性进行分析，并为客人设计服务的标准程序，才能用某一个瞬间服务来创造奇迹般的效应。

（二）推行个性化与多样化服务

随着生活水平的提高，越来越多的客人追求个性化，求新与多变，针对这类要求的服务，我们称为个性服务。标准化和规范化服务能够满足大多数客人重复性的一般要求，而对个别客人的特殊要求则重视不够或估计不足。个性化与多样化的前厅服务可以体现在日常服务的点点滴滴中。服务质量的要求是永无止境的，而个性化服务正是向着“服务第一，宾客至上”的完美服务迈进了一大步，同时它也能赋予酒店本身一种独特的魅力，因为它能让每位住店的客人无论身份、地位有多么不同，都会觉得自己是这个酒店最重要的客人。

（三）坚持标准化和制度化服务

服务质量的基本保证首先是标准化，也就是说，服务工作的基本程序和标准应该是规范和统一的，只有这样才能保证由众多员工协作完成前厅服务工作。标准化服务的关键是建立标准并严格执行。

在前厅部的工作实践中，赢得令人满意的服务质量的关键在于，将服务人员重复性的操作行为在规范化的基础上进一步明确为制度，并要求服务人员在处理不确定的客人实际需求中合理、灵活地寻求平衡。与此同时，在这一过程中应始终贯彻优质服务的真谛——微笑、真诚、友好和诚实。

对服务人员重复性的操作行为规范化、制度化主要有两大益处：第一，将规范化的服务标准上升为制度，是用共同的行为标准代替了在实践中可能出现的因人而异的经验服务，从而在某种程度上消除了服务人员因个人主观因素造成的最终服务的随意性、不可预知性；第二，重复性的操作行为的规范化、制度化有利于服务人员在以后的实践中有不断完善的可能。规范化的操作行为为服务人员不断地反省、改进提供了一个客观的参考依据，从而最终形成了每一位服务人员可以共同遵循的标准。

前厅服务标准化、制度化得以实现是培训的结果，也是长期深入灌输“为客人提供满意服务”理念的结果。服务质量标准是动态的，但只要把握其中的精髓，每一个酒店都必将在经营中迎来一个个美好的收获季节。

拓展视野

前厅细微服务

一、关注客人

（1）聆听：聆听是一种很好的习惯，同时要注意适时给予回应。

（2）使用积极的身体语言：如恰当的微笑和手势，都能给客人可信的感觉。

（3）保持目光交流：如果正在忙碌，那么可以先用目光与客人打招呼，让客人不会觉得被怠慢。

（4）微笑：微笑是一种世界各国人民都能懂的语言。

（5）认知：确定客人能理解自己所说的话，尽量少使用术语。

（6）用愉悦的音调讲话：无论自己的心情如何，都应该学会控制情绪，保持良好的心态。

（7）捕捉服务线索：这是一个优秀的前厅部员工所应具备的素质，服务感知敏锐且应对灵活。

（8）避免使用消极的身体语言：尽管面露微笑，但眼神和不经意的小动作流露出不屑、烦躁甚至厌恶。注意，客人同样是很敏感的。

二、提供高效服务

（1）尽快转向下一位客人：通常情况下，客人在办理入住手续的过程中只是在静静地等待，这其实不是客人自身所希望的。适时得体的言行会减少客人等待的焦急感，更重要的是让客人感觉到酒店对自己的重视。

（2）花足够的时间保证准确性：总台办理入住手续一般不应超过 3 分钟，使用高科技的前台接待系统会更快，但目前大部分酒店都达不到这个要求。

（3）将闲聊降至最低限度。

（4）提前计划：改善工作流程，比如，为了加速有预订客人的入住速度，应该在客人抵店前做好相关的准备工作，包括预先打印好入住登记表、制作房卡、早餐券等。

（5）跟进：当不能为客人解决问题而建议对方采取别的方法时，“跟进”会让客人感受到服务人员的真诚和细心。

（6）主动提供选择：这会让客人认为服务人员很专业，很为客人着想。

三、增强客人的自尊感

（1）客人出现时立刻认知：当客人进入酒店大堂朝总台走来，就是接待员意识到为客人提供服务并从内心引起足够重视的时候了。重视的表达方式是“内晓房态，外行注目礼”。内晓房态是指在客人询问之前，对现实房态了然于胸；外行注目礼就是面呈微笑，眼神亲和地目视客人走向自己。在大多数情况下，前台接待对客人，特别是一些常客，采取“一回生两回熟、三回四回成朋友”的做法极具效果。

（2）使用姓氏称呼客人。

（3）聆听，切忌打断客人。

（4）称赞客人：适当地赞美客人，满足客人的心理需求。

四、建立融洽关系

（1）道歉，并用带感情色彩的字眼表示了解客人的感受：对外国客人注重礼貌和话语婉转，前台接待人员应该多用礼貌用语，多注意含蓄，如“Please”“May I ...”“Could you ...”“Shall I ...”等。

（2）等客人做出反应后再着手解决问题：不要轻易给客人承诺，但一定要尽力去做，把损失减少到最小程度。

五、提供释疑及咨询服务

（1）解答客人问题：不能给客人模棱两可的答案，“或许”“可能”等字眼不要出现在服务人员的回答中。如果不确定，向客人道歉并建议他使用计算机查询或求助于能帮助他的其他员工。

（2）主动提供选择并说明缘由，以使客人满意。

六、明确客人需求

（1）提出适当的问题：语言简洁明了，言简意赅。

（2）将客人所说作简洁小结：得到客人的确认，避免口误和理解偏差。

七、推介酒店服务项目

（1）根据客人的具体情况，向客人推介酒店服务项目：注意观察客人的面部表情，如果客人不耐烦，就停止推介。

（2）目标：让客人满意，使酒店增收。

八、委托他人处理

（1）理解客人的要求后，解释别的同事能更好地帮助客人。

（2）将客人介绍给提到的那位同事，并用客人的口吻将需要委托的事简单小结给对方。